塾では教えてくれない

中学受験 親の鉄則

梅津 貴陽
Takaharu Umezu

風鳴舎

はじめに

今から3年前のことでした。私の息子は小学6年生の秋の模試で、なんと**合格可能性20％以下**と判定されてしまったのです。模試では20％以下という判定より下の評価はないので、早い話が「受験しても無理です」と烙印を押されたも同然なのです。それはもう親子ともども顔面蒼白です。当時通っていた塾では、4科目すべて履修して対策を取っていましたし、それまで右肩上がりの成績で推移して来たこともあり、にわかには信じられず、強烈なショックを受けました。なんとかしたいと考えた私は一念発起し、息子の学習内容を分析して大幅に見直しを図ることを決意。日々の学習方法と学習内容を改め、実際に行動に移しました。

その結果、我が子は奇跡の**V字回復**を実現。最終的に当初の志望校よりも偏差値を上げた、私立の中高一貫校に合格できたのです。

ところで皆さんは、**「どうして最初に教えてくれなかったの？」**という経験はありませんか？　初めから知っていれば遠回りしないで済んだのにという感覚です。中学受験にとっての「知っていれば」はズバリ、「気づき」なのです。ちょっとした親の気づきがあるか否かで、結果はまったく変わってしまうのです。本書では私が得たこの気づきを、**「鉄則」**としてまとめました。

その意味で、小学6年生を持つ親御さんに参考にしていただきたいのはもちろんですが、それ以前の学年の子ども達を持つ親御さんに対しても、早くからこの気づきを得て、より充実した子ども達との時間を過ごしていただきたいと思っています。といいますのも私が得た気づきとは、中学受験を乗り切る学習方法でわかったことであることはもちろんのこと、もう一つ得た大きな気づきは、家族にとって何がもっとも重要なのか、ということだったからです。子どもと真剣に向き合うこと、そして夫婦が真剣に向き合うこと。愛するわが子のことだからこそ、夫婦一丸となって取り組むことができる。家族で育む愛情こそが**受験を成功に導く最大の鍵**であり、中学受験はそれに気づくための最高の機会だということを、私は痛感したのです。

また、受験本というと最難関校に関してのものが多く見受けられます。しかし、実際に行われている中学受験とは必ずしも最難関校受験ばかりではありません。上位校全般を目指す受験が、リアルな現実問題として各家庭で取り組んでいることだと思います。つまり、最難関校を目指す学習方法が、必ずしもその子にとって必要かどうかは疑問なのです。

その意味で本書は、いわゆる上位校の受験で確実に合格に導き、多くの子ども達の希望を叶えることに重点を置いています。というのも、とても良い子であるにもかかわらず、結果的に受験に失敗する現実を多く見てきました。塾をあちこち渡り歩いたり、塾の宿題にただ追われるばかりだったり、単純に塾任せで何のフォローもなかったり、お母さんの孤軍奮闘だったり、果ては単純に実力不相応の学校を受験したり…これでは結果が出せなくても仕方ありません。私は本質的に、受験テクニックなる小手先の技術はないと考えています。しかし塾が不要なのではなく、上手に活用してこそ意味があるのです。

実際にわが子の場合、6年生の秋から算数以外の科目は塾で教わることをやめてしまいました。それでも合格することができたのです。もちろんその秘訣は余す所なく本書に記載しました。

わが子の受験の翌年、6年生のお子さんを持つあるご家庭で、実際に私の考えを取り入れてもらいました。わが子同様に模試での成績は下降していたのですが、見事挽回して当初は合格圏外だった私立の中高一貫校に合格することができました。これに関しては、インタビュー記事として収録しました。

受験期間にどう学習を進めるかということはもちろんのこと、どのように生活習慣を見直し、どのように子どもと接して、どのように家族の絆を強めるのかを、「鉄則」として本書にまとめました。その点においても、本書は**最もリアルな中学受験の指南書**として活用していただけると自負しています。

しかし、誤解していただきたくないことがあります。私は競争社会や学歴偏重という意味で受験を賛美し推奨しているのではありません。「良い大学、良い会社」などということでもありません。合否の結果は私の考える受験の本質ではなく、家族へのご褒美だと考えています。人生初めての経験となる受験というハードルを、親の導きなくして子どもだけで乗り越えることはできません。親ができることは何か？　どのような行動をとればよいのか？　考えられるすべてを実行に移し、後悔のないようにすること。繰り返しになりますが、夫婦一致団結して愛する子どものために全力をつくすということのご褒美が、良い結果を得るということなのです。子どもの幸せをともに考える時間、これこそが夫婦としての醍醐味だと確信しています。そしてまた子どもの幸せこそが、親としての**最高の生き甲斐**だと思うのです。合格発表でわが子の番号を見つけた時のことが、今も鮮明に昨日のことのように想い出されます。

全ては子ども達のために。

平成二十八年春　梅津貴陽

目次

第2章 中学受験の備え方――63

第1章

中学受験
親が知っておくべきこと

1 塾は早くから通うのがよい？

筆者自身が小学生だった数十年前は、4年生から塾に行くのが受験の王道だったように思いますが、今は2年生からというのも珍しくありません。確かに「早くから取り組んだ方が良い」という日本語の響きには説得力があるように感じられます。しかしそうしないと受験は本当に難しいのでしょうか？

中学受験に必要な知識の総量はおおむね決まっています。試験は現段階ではこの総量をいかに覚えたかどうかを問うことなので、早めに始めたかどうかはあまり関係がありません。早くから覚えても、いざという時に忘れてしまっては意味がありません。理想としては、丁度バッチリ覚えた時に試験日が訪れるのが望ましいのです。そしてそのようにマネジメントすることが親の役割といえます。

ちなみにわが子は5年生の夏休みから塾に通い始めました。この時期になったのには理由があります。それは夜遅くに一人電車で帰って来させることが心配だった、子ども可愛さで心配だったという、単なる親バカで過保護な理由です。ではそれまでの間何もさせていなかったのかというと、そうではなく、勉強というのは机に向かって座って、読んで、書いてするものだということが理解できるように、通信講座の教材を4年生からとっていました。しかし決して通信講座に気合いを入れ、優秀な成績だったわけではありませんでした。ですからその後、塾に通い始めて最初に受けた5年生での模試は惨憺たるものでした。その後徐々に上がったものの、6年生の秋に成績は下降しました。しかし、それは**塾に行っていなかったからではなく、受験勉強というものを理解していなかったことに原因**があったのです。**それに気づけば回復は可能**です。

　つまり、地頭を作っておけば後々なんとか挽回できるということです。何でもよいので集中できることを作っておく、好きなことをやり込ませる、習い事を真面目にやるなど、その後努力できる素地を作るようにしておくのがよいと思います（巻末Q＆AのQ１参照）。その子の理解度を把握してペースを作って進めば、必ずしも早くから塾に行っていなければいけないというものでは全くありません。

2 夢、馳せる動機

受験する動機は各ご家庭さまざまでよいと思いますが、「合格したら○○を買ってあげる」では、受験のモチベーションとしてあまりにも寂しい。私は自分の医院に通ってくる、受験を控えている患者さんの子どもたちに、なぜその学校に行きたいのかを聞きました。すると子どもたちは皆、その学校に憧れの気持ちがあることがわかりました。「あのグラウンドでサッカーをしたい」「あの部活に入りたい」「先輩たちの雰囲気が良かった」など、子どもたちは大人たちの俗っぽさや打算的な動機などではなく、純粋にその学校に夢を馳せていることがわかりました。**このモチベーションは想像以上に強く、子どもたちが思い悩んだときに威力を発揮**します。これらのモチベーションを持つためには、受験する可能性のある学校をあらかじめ本人に見せておく必要があります。「受験する可能性」というのがミソです。というのも、一点豪華主義よろしく、絶対的な志望校一校だけを見せておくと、万が一それ以外の学校に通学することになった場合、自分は夢が叶わなかったと思ってしまいかねないからです。ご縁のあった学校には気持ちよく胸躍らせて通ってほしい。ですので「可能性のある学校」は親子一緒に複数校見学してほしいものです。

実際に各学校に足を運んでみると、本当に学校それぞれに特色があることがわかります。特色は受験校選びにこの上ない材料となります。それぞれの学校の良さと、どの学校も生徒達のために一生懸命であることもわかります。こちらが襟を正したくなる程です。説明会は親向けに年に何度か行われますが、学園祭は当然ながら年1回です。6年生になってから学園祭に行くのではモチベーションを持つ時期として遅いので、まずは親が4年生の頃から説明会に何校か参加し雰囲気をつかみ、わが子を受験させたいと思う中学の学園祭に子どもも連れて行ってあげるのが良いと思います。子どもは子どもで、**自分に合う合わないを感じ取り、ここに通いたいというモチベーションにまで昇華していく**感じです。実際に見学に行った時の、子どもの新しい世界への憧れに満ち溢れた輝いた眼をみると、共に夢に向かっていきたいと思わずにはいられません。学校見学だけは必ず実行されることをお勧めします。

3 教えるのは『覚える総量』

「こんなに暗記するのは無理！」「こんな難しい問題は解けない」などと本人がいうならまだしも、親がわが子に対して思ってしまっていないでしょうか？　しかし、子どもにはこれが好きで好きで仕方ないというものが過去にあったはずです。例えばポケモンの名前をいっぱい覚えていたとか、小さい頃この遊びだけは何時間でもやり続けていたとか。それだけの暗記力や持続力、集中力があれば、それを勉強に応用すればよい訳です。

「私が勉強が苦手だったから子どもも無理かもしれない…」と思ったりする瞬間もありませんか。最近の学説に、どんなに無教育な状態な子どもであっても母国語は充分にしゃべれるわけで、脳に差はあまりないというものがあります。ましてや日本語は世界でも類を見ないほど複雑で、海外の人にとっては非常に難しい言語です。その言語をしゃべっている子どもたちに、そうそう不可能なことはありません。

よく、中学入試の問題が電車等に張り出されていますが、あれは親を驚かせるためのものです。また、問題集の問題の脇にカッコ書きで書かれた学校名を見て、その難しさに驚かされる時もありますが、これもその学校の出題すべてがそのレベルの問題ということではありません。誰もができない問題が解けないから受からないということはなく、皆ができる問題を取りこぼさないことの方が大事なのです。そして結局のところ現段階での試験問題とは、暗記力を試すものがまだまだ大多数で、そしてその覚えてほしい事項の総量は、やり方次第では決して子どもたちにとって無理な量ではありません。

しかし、ゴールのないマラソンをさせられるがごとく、何をどこまでやればよいのか総量を知らされずに毎日学習させられるのはツラいものです。**達成しなければいけない総量がわかり、「これが終われば終わりだよ」と提示されれば、大人であっても子どもであっても頑張れる**というものです。例えば、達成しやすい薄い問題集を１冊完全に終わらせたら、「やればできるじゃない！」とほめてあげてみてください。大きな自信となり、徐々に本来のポテンシャルを見せてくれると思います。

4

塾の使い方～受験にテクニックはない

受験にテクニックはあるのか？　と問われたら、私はないと答えます。受験専用の何か夢のようなテクニックというものはありません。ではなぜ塾に行くのかというと、専門の先生が教えてくれるからと答えます。塾の正規の先生は受験勉強のプロだと私は思っています。一年中受験と向き合っており、精通しています。一般にいう受験テクニックという言葉は、問題の解法を指していると思います。ですから解答や参考書を読んで充分に理解できるという子どもや親、さらには問題を見ただけで解法を教えられる親には塾は必要でなく、解法を読んでもわからない場合に噛み砕いて教えてもらうために塾は必要だと思っています。小手先のテクニックではないのです。その意味で塾は非常に有益です。逆をいえば、これをしてくれないと塾の意味がありません。昔ながらの巨大塾で巨大教室、画一化した授業をたくさん受講しても、本人が理解できるとは限りません。その意味で毎日のように夕方から夜中まで、または休みの日に朝から晩まで塾に缶詰になって学習しても実力と比例するとは考えにくいのです。親が全く一緒にいることができないので塾に行かせているという場合は、それはそれで缶詰作戦も有効とは思いますが、本書では親子一丸となっての受験を提案しています。今現在、わが子がわからないで困っていることは何か、つまずいている箇所はどこかを親が正確に把握して、それを塾の先生に伝え、わが子がわかるまで教えていただける、そんな塾に通わせたいものです。

一問一問丁寧に授業で教えてもらうこととは違います。**その問題のどこがどのように本人が理解できないでいるのかを的確に分析して教えてもらう必要がある**のです。その意味でも塾の先生というプロの存在は大きいのです。塾といっても千差万別。同じ名称の有名塾などの教室でも同じというものでもありませんし、小さい個人塾だからといって実力不足ということもありません。じっくり先生と話し合って納得のいく塾を上手に活用してください。

5

受験は子どもにとって未知の体験。想像すらできていないことを理解する

子どもたちにとって中学受験のための勉強は特殊なものです。普段の勉強は学校や塾の宿題が主でしょうから、それさえやれば終わりです。受験は学習の積み重ねの先にあるものですが、継続という概念を多くの子どもたちは持ち合わせていないのです。大人であれば、受験勉強を曲がりなりにも経験していますから、期日がありゴールがあり、そして受からなければ意味がないとわかっています。しかし子どもたちには全く未体験のことで、想像すらできていないのです。

入試の日という期日があることは、いえば誰でもわかることですが、それは子どもたちにとっては単に終了の日がわかっただけであって、そのための勉強のスケジュールがわかったわけではありません。受験では、勉強した低学年の頃に覚えたことも出題されるということが、なかなかわからないのです。大人にとっては当たり前のことを教えていって

ほしいのです。

それがわかるためには日頃の勉強への取り組み方から変えないといけません。「今日はこれをやれば終わり」というだけにせず、覚えておいて後で質問されても答えられるようにするということを理解させるのです。つまり、短期記憶と長期記憶の違いです。あの手この手でこの違いを伝える工夫が必要です（詳しくは後述）。というのも子どもたちにはこのことが本当に伝わらないのです。もう驚くほどに。

わが子がこの仕組みを理解できたのは、6年生の12月に入ってからだったと本人がいうのですからびっくりです。他の子もわかってもらうのに時間が掛かりました。短期記憶では受験の頃には忘れてしまうのだということがなかなかイメージが沸かないようでした。わが子には**「この問題はやったことがあるのでスラスラ解けます！　といえること」**と教えてきました。これが腑に落ちると、一気に勉強量と成績がリンクしてきます。短期記憶が長期記憶となってくるからです。そもそもこの概念を本人がわかっていないと、ただ反復学習してもその場限りになってしまうのです。

6

中学受験についてくるさまざまな〝おまけ〟

中学受験の体験というのは、親として家族として成長する最高の出来事です。と、いうと大袈裟に思われるかもしれませんが、本当です。取り組み方次第で素晴らしい人生体験となる上、さらにおまけまでいただけるという「お得といわずして何という！」という程の人生体験なのです。これに気がついてしまうと一切ぶれることなく、充実した時間を過ごせること請け合いです。その中身とは――。

【おまけ】その1「こどもに生活習慣が付く」

一見月並みに思うかもしれませんが、「早寝、早起き」「快食、快眠、快便」などは、人間としての基本であり、動物としての本来のリズムに戻り、最高のポテンシャルを発揮するための基礎となります。また当たり前なのですが、試験は朝行われます。毎日夜遅くまで勉強し、朝眠くてご飯もトイレもままならず学校に行く毎日を経て、いざ試験期間には朝型にしろとリズムの変更を余儀なくされては、試験で本来の実力を発揮できなくて当然です。また、子どもの成長の観点から考えても、夜10時から深夜2時にホルモンが分泌されるといわれるように「早寝早起き」は理にかなっているのです。また、ひらめきも朝の方が冴えます。夜中まで頑張ってもできなかった問題が、朝起きてひと目見たとたんにサクッと解けた！　ということを体験されたことはありませんか？（塾の宿題が多くて早寝できないということに関しては別項で）

【おまけ】その2「夫婦が一致団結」

もともと好き合って一緒になったわけじゃないですか。受験を期に夫婦のスタンスを見直してはいかがでしょうか？　というと反論もありそうですが（笑）。お互いに受験というプロジェクトを遂行する同僚、同じチームのメンバーととらえるのがよいと思います。得意分野を活かし役割分担をし、着々とこなしていく感じです。喧々諤々、そのプロジェクトを期間内に最高の仕上がりにするにはどうしたらよいのか？　夫婦二人で意見を出し合って協力し合って遂行するのです。これが実践できると、子どもにも親の真剣味が伝わり子どもがぐっと変わってきます。

【おまけ】その3「社会で生きるための基礎を作る」

自分の子どもの頃の体験からいっても、受験とは一体どれだけやればゴールが来るのかがわからず、巨大な敵に向かって行く感じでした。しかし、中学受験を大人の目で改めて観察すると、「読み書きそろばん」だとわかります。「頭の体操」ともいえます。子どもの幸せは親であれば誰でも望むものだと思います。状況を的確に判断し、決断し、物事に真剣に取り組む能力をつけて、幸せになってほしい。子どもの人生を充実したものにするためにも、基礎学力をつけ地頭を鍛えておいた方がよい。大袈裟な言い方ですが、お金では買えない最高のプレゼントだと思っています。

【おまけ】その4「贅沢なおまけが頂ける」

俗っぽい言い方になりますが、中学受験はお得です。同じ学校に高校から入学しようと思うと、さらに偏差値が上がってしまい勉強が必要になります。また大学の付属校であれば、大学までの進学もできます。この場合も大学入試での偏差値は多くの場合上がってしまい、難関となります。また、そんな打算的な面だけでなく、実際に学校に通うようになると、生徒達には同じ試験をくぐり抜けた仲間的な意識が芽ばえます。生涯の友ができるかもしれませんし、有意義な青春時代を過ごすようになります。こんな贅沢なおまけがもれなく付いてくるのです。お得と言って余りあると思います。

7 最高のバロメーターである模試の使い分け

受験をするにあたり、模試は想像以上に活用できます。模試とは試験や答案用紙に慣れるためのものと考えていませんか？　実は模試には種類があるのです。その分類としては、時期による分類、開催主による分類、特色による分類があります。これを把握して上手に模試を使い分け、活用しましょう。

時期の分類では6年生の夏までと、夏以降とに分かれます。多くの塾のカリキュラムが、6年間の勉強を夏までに終わらせているからです。つまり、**夏までの模試は、それまでの学習範囲の定着度をみるものであり、夏以降は出題範囲が小学校で学ぶ全範囲になり、より実戦的になる**のです。裏を返せば、夏までの模試は範囲が指定されており、模試を受けるにあたり予習をしておくと高得点が狙え、その単元の仕上げの目安とすることができます。夏以降の模試は実質の実力判定となるので、この出題の違いを把握していないと突然の内容と結果の変化に親子共々戸惑ってしまいます。

次に、開催主の違いですが、大きく分けると塾主催と模試会社主催に分かれます。塾主催の模試を塾外生として受けることは可能ですが、その場合、おおむね塾内生は6年の夏まではあらかじめ塾で学んだ範囲が出題されているので当然結果が良くなり、塾外生は悪くなりがちです。これを知らないと、友人の塾内生の成績が良く、塾外生のわが子が低いという現象が起きることがあります。また模試会社主催の模試では、範囲の指定がある時もあるものの、普段の見慣れた塾の問題の雰囲気とも異なり、現在の実力の判定に有用です。

特色ある模試としては、志望校そっくり模試や、試験会場を志望校にして受けられるものの等があります。そっくり模試は、受験者はおおむね受験希望者でしょうから合否の目安に有用です。**志望校が会場になった模試では、当日の雰囲気を知る絶好のチャンス**です。

以上のように、模試には内容その他に種類があり、「昔の模試で成績が良かった」や逆に「悪かった」という結果はあまり本質を見ていません。また、出題も希望する受験校の内容範囲と完全に一致するものではないことも覚えておきながら、賢く活用してわが子の実力のバロメーターとして使って下さい。

8

親がやるべきこと〜成績が上がらない時にまず何を検討すべきか？

成績が上がらない原因が、もし塾でやっている内容にあるのであれば、それは変えるべきだと思います。しかし多くの場合、原因を良く検討せずに、焦りのあまり反射的に塾を変えているように思います。塾でやっている内容が悪いから成績が上がらないのかどうかを、急に子どもに聞いたところでわかるはずがありません。ましてやお友達が行って良かったとか、ママ友の口コミなども、本来参考程度でしかありません。是非親子で一緒に深く考えてみてほしい事項です。

そもそも成績とは、模試の結果や塾内部でのテストの成績のことを指していると思います。6年生の夏までの成績不良は、その時期に習った各単元の定着不足です。模試の成績不良であれば、試験範囲があらかじめ指定されていることがほとんどですから、その準備不足です。

ではどうすれば良いのか？　についてですが、**「原因として各単元を定着させる時間が取れているかどうか」、「模試に向け予習復習する時間が取れているかどうか」**を検証するべきです。**塾の宿題が子どもたちの記憶の定着や模試の準備としての役目をしっかりと果たしているか**を、日頃から見極めてほしいのです。**これができた子どもたちが、成績優秀なだけ**なのです。

この模試や塾内試験への流れやスケジュールを、塾が上手に組んでくれていない、もしくはわが子がそのスケジュールに乗れていない学習状況であれば、塾は変える必要があると思われます。

しかし、間違えてほしくないことは、塾は本来学習の不足部分を補うものであって、その塾に属していればなんとかなるというものではないということです。塾はあくまで子どもたち自身の努力のサポートをするところであって、手取り足取り自宅での生活から勉強までのすべての面倒を見てくれる所ではないのです。少子高齢化、各塾も生徒の争奪戦を繰り広げているのが実情です。今通っている塾の良い所をみつけ、それをわが子が活用できるかどうか見極めることが、親のできるサポートの一つです。

9

親がやっておくべきこと〜説明会に積極的に参加する理由

中学校各校の特色は、本当にさまざまです。どの学校にも独自の創立理念があり、現在の方針があり、そして校風があります。それは学校案内の厚い市販の本や、学校発行のパンフレットだけではかり知ることができない、実際に行ってみてわかること、雰囲気なのです。本章の項目②でもお話ししましたが、学校説明会には是非参加してほしいと思います。

校長先生や教頭先生のお話で、その学校が何に力を入れているのかを聞くことができます。最近の進学実績や受験対策も聞くことができます。さらには、受験生とその保護者に向けて、現在の在校生が登場するビデオがあることもあります。生徒の生の声を聞けるというのは、素晴らしい企画です。説明会は平日なので、実際の生徒の雰囲気を見て、わが子と合うかどうかの判断材料にもなります。

説明会にまず行ってみて、これはと思う学校の文化祭には子どもとともに是非足を向けて下さい。文化祭は通常秋に行われるため、日程が重なることもあります。当然年1回なので、1年間に見ることができる学校の数も限られます。4年生頃から巡ってみることをお勧めします。文化祭では受験相談も通常行っているので、試験に向けてどのような勉強をしておけばよいのか率直に聞いてみて下さい。保護者の本気度が高ければ、先生方も親切に教えて下さいます。また是非とも親子で、その文化祭を遊んで楽しんで満喫して下さい。現場にいる先輩達に話しかけてみて下さい。これが子ども達のモチベーションにつながります。

また、大手塾主催の学校説明会というものもあります。各学校から先生方が2人程度出席され、ブースを作っています。さまざまな学校が一堂に会するので、大変活用できるありがたい企画です。学校は何校も見学する必要があります。その理由は、想像と実際が異なるということだけでなく、6年生の終わりになって**偏差値に変動があった場合の、受験校選びに威力を発揮する**のです。幸いにも偏差値が上昇した場合も、またその逆の場合も、事前に知らなければ選ぶ材料に困ります。ですので、見たこともない学校を最後の最後に受験するということのないように、見学する学校は幅広くしておいてほしいのです。結果的に通うことになる学校に愛着が持てるようにしたいものです。

10

夜遅くまで塾で勉強？こなせないほどの塾の宿題？

夜10時頃に駅で塾のかばんを背負った子どもたちを見かけることもしばしばです。あるいは、実際に今、現在進行形で、夜10時を過ぎないと塾から帰って来ない子どもを持つご家庭もあると思います。塾のカリキュラム上、または塾と家の距離が原因でその時間になってしまうことは理解できます。そして帰宅後こなせない程の塾の宿題をするということも、日常的に仕方ないということも理解できます。このような生活サイクルでは、就寝時間は12時近くかそれを超えることもあるでしょう。そのため朝も起きることができず、さらには学校でも眠くなるでしょう。仕方ありません。なぜなら成績は上がらないし、同じ塾に通っている子ども達は皆やっていることだから。しかし、本当にそうでしょうか？

大人が会社に勤務している場合でも、9時から5時を定時にしている会社が一般的です。勿論残業のある人、仕事が極端にハードな方もあるとは思いますが、考えてみると子どもたちはそれよりもっと過酷です。朝から学校、そして塾。教室という場所に朝から夜までです。これを毎日繰り返すと考えただけでも、今の自分だったらできるでしょうか。

なぜこのようなスタイルになってしまうのか。塾としてはとにかく勉強してほしい訳なのです。家にいるだけで自然に勉強する子どもはいないと、塾は考えているからです。また、塾としても合格してもらうために必要以上に課題を出し、それが完全にできなくても、それなりの学力が付くようにしたいのです。確かにその通りではありますが、それは**本人の自主性がないからだけではなく、どう勉強させてよいかわからない親の自主性のあり方も側面にある**のです。

ですので、親が子どもに勉強自体を教えるのでなくても、勉強の方向性を示してあげることができれば、必ずしも毎日夜遅くまで塾に通う必要はないのです。わからないところを補習的に、塾の授業にお願いすればよいのです。

子どもの学習を親が応援するということは、子どもの精神的な支えになるだけでなく、家に親子でいる時間も必然的に長くなり、家族のコミュニケーションの時間ともなり、家族の絆まで深まる。どうか可愛い子どもたちのために、一肌脱いでほしいと思います。

11 友達を敵視しない

塾の友達も、学校の友達も受験において敵やライバルではありません。もちろん受験には定員がありますから、受かる子と落ちる子がいることは事実ですが、友達も一緒に合格すればよいだけのことです。共に切磋琢磨して励ましあっていけばよいのです。

そもそも仲の良い友達が同じ学校を受験するとは限りません。多くの場合、結果として通う学校は、友達同士でも異なります。友達を敵対視することは、モチベーションとしてもよくありません。ストレスを伴います。

みんなと仲良くすることはよいことですが、とはいえ「仲間」というのも違うのではないかと思います。「〇〇君がやるからぼくもやる」ということが表目にでるとも限りません。裏目に出たら目も当てられません。仲間意識は言い訳に使われることもしばしばです。一緒に塾に行ったり、帰ったりの中で何か遊びを覚えてしまうこともあり得ます。何か流行っていることも、友達との距離が近ければ、一緒にやりたくなるのも人の常というもの。何人かで構成するグループは最も推奨できません。

当たり前なのですが、「自分は自分」ということが大事です。ちょっと冷たいように思うこともあるかもしれませんが、受験というプロジェクトが終わるまでの期間だけのことですし、何も話してはいけないといっている訳でもありません。着かず離れず、時にともに笑い遊ぶものの、ケジメと自覚だけはしっかりと持つ。大人になるにあたっても、学びになるというものです。

いうまでもなく**理想的なお友達との関係は、切磋琢磨です。**この問題はどうやって解くのか？　この問題集すごくいいよ！　あの教科の勉強法はどうやってるの？　など、友達と受験勉強に対して情報をシェアできれば、これ以上ない関係です。勿論これは、母親同士でも同じようにお願いしたいところです。男の子の親は、女の子の親と仲良くなれるケースもあります。受験校がバッティングしないがゆえに、勉強に関しての話題がスムーズにできるようです。気が合う人というのは、初対面でもなんとなくわかるものです。塾での説明会の時にでも、あいさつ程度しても悪くはないと思います。

12 塾選び①
子どもの行きたがる塾がよいのか

塾選びは本当に悩みの種だと思います。ママ友に聞く、ネットの評判を見る、その他、独自の情報を得る等さまざまかと思います。選択するという行為は、実はどのような場面でもほぼ同じなのですが、最終判断は自分でしなければいけません。情報に極度に頼ることは、依存になってしまっています。情報が多い人に幸運の女神が微笑むとは限りません。自分たちの子どものことは、自分たち夫婦で決めるという覚悟で臨んでほしいと思います。

さまざまな選択肢と選択方法がある中で、子どもに聞くという方も多いかと思います。子どもに判断できることならばそれでよいと思いますが、塾という、本来子どもが向き合って考えにくいことに関しては適切でないように思います。また、「〇〇ちゃんが選んだから」という、責任転化にもなりかねません。子どもの意見を通すことと、尊重することとは違います。

まずは子どもになぜその塾に通いたいのかヒアリングしてみてください。「お友達がいる」「先生の話が面白そうだった」が理由であることが多いものです。受験は合格が目的です。大人が少し面白く子どもに話すことは、それ程難しいことではありません。友達と面白さでやる気になったり、成績が上がったりするなら、当の昔にそうなっているはずです。大事な時間とお金を費やすに値する、**「子どもの成績を上げる」塾に通う必要がある**のです。「子どもが行きたい」塾ではありません。

そのためには、塾の室長先生との面談を申し込まれることをお勧めします。先生方は親切に面談に応じてくれます。しかし、ただ面談するのではなく、わが子が今現在どのような状況であり、今後どうして行きたいのかを明確にして話して下さい。まとめられなければ、これまでの塾での成績の推移を話すのでもよいと思います。勿論、志望校も告げてください。どのように補習やフォローがしてもらえるのかも聞いて下さい。そして最後にわが子が志望校の合格を手にできるかどうかを聞いて下さい。室長はプロです。答えは見えているはずです。しかし塾も会社である以上、運営という側面もあります。手間を惜しまず、どうか悔いの残らないように選択してください。

13
塾選び②
集団指導・個別指導・家庭教師

塾にはいうまでもなく指導方法により種類があります。「集団指導」「個別指導」そして塾ではありませんが「家庭教師」もあります。どれが最もわが子に合うのか、とても悩むと思います。

基本的なことですが、改めて特徴を再確認してみましょう。当初は誰でもこの特徴はわかっていたはずなのですが、いよいよ試験も近付き成績もふるわないとなってくると、なんとかしたいという気持ちのあまり、「塾を変えるべきなのではないか」と頭の中の整理がつかなくなって来ることもあります。

集団指導のイメージは、まさに大手塾だと思います。今さら説明も不要かと思いますが、その良さはテキストの充実、実績とデータの豊富さ、模試の実施、受験までのスケジュールが決まっている、プロの講師がいるなどです。

個別指導も知名度の高い塾が多く、生徒一人一人のペースで教わることができます。利点としては、教わる内容も指定できる、場合により固定した先生に教わることもできる、などがあります。

家庭教師に関しては、本当にタイプが幅広いです。良い点としては、家庭教師のプロという職種の先生がいる、場合により志望校の先輩に教わることができる、固定した先生に教わることができる、希望の内容をお願いできる、などです。

大手塾に入らない場合には、模試は受けつつ、他の業態の塾や家庭教師に依頼するということも、ひとつの手段としてあります。現在のわが子にとって必要な事項を考えて選んでほしいと思います。

いずれの選択であっても、重要なポイントがあります。**子どもがわからない問題は、とにかく受験のプロに教わること**です。もうひとつ大事なことがあります。**アドバイスをもらう場合は、本当に親身にわが子の受験を考えてくれる人に聞くこと**です。受験を真剣に考えたら、これは必然かと思います。

14 塾選び③ 塾をかけもつなら

前項で塾各種「集団指導」「個別指導」「家庭教師」の概略に関してお伝えしました。この項では、それぞれ子ども達に合う塾選びと、かけもち方について述べたいと思います。

まず、集団指導は受験の全体的なペースや雰囲気を感じられるという意味で大変有益です。しかし、**自分ができない問題と、塾の授業で説明してもらえる問題とが乖離している場合には、集団指導は不向き**に思います。わが子の学習と相性がよいのかどうか、よく見極めてほしいところです。もちろん、集団指導を選ばないということは、家庭で学習のペースやスケジュールを管理する必要がありますので、それはそれで親としてよく考え、行動する必要が出てきます。

次に個別指導ですが、個別指導にはさまざまなタイプがあるので、よくよくそこの室長先生と話し合ってから選択してください。教室によって、受験のフォローに差があります。室長先生やスタッフの先生自身が中学受験経験者であったり、生徒の大多数が中学受験をする教室であったりすれば心強いものです。また、**直近の塾の合格実績を遠慮なく聞いた方がよい**と思います。昨年多くの合格者を輩出している塾であれば、当然その経験値は高いわけですから。

一同で聞く集団授業より、**自分に声を掛けてくれる方が頑張れるタイプの子には、個別指導**が合っていると思います。しかし、雰囲気がアットホームなので、すぐにふざけたり遊んだりしてしまう子には不向きです。

家庭教師は余りにも千差万別。個人経営で請けおっているものから、派遣・登録会社タイプの家庭教師まで、その質という面では未知数です。**よく担当の先生と話し合って、希望をしっかりと伝える**必要があります。その先生がどこまで中学受験に対して熟知しているのか、情報を得ているのかについて見極める必要があります。さらに、ポイントとしては先生と子どもの相性もあります。塾任せにするのではなく、大手塾と個別指導、または家庭教師をかけもつということは、受験勉強の舵取りを親が行うということでもあります。親身になって子どものことを考えて、相談にのってくれる先生をみつけることが鍵です。

15 塾の活用法

子どもたちには、得意な科目と苦手な科目があるものです。得意不得意の判別は、子どもも自ら率先してやっている科目か否かでわかります。ちょっと過去の模試で点数が良かったなどで判断することは危険です。冷静にわが子を見る必要があります。好きこそ物の上手なれで、好きな科目は進んでやるもので、それゆえに成績も良いのです。各学年の統一模試や6年生の夏以降の模試などで、志望校の偏差値に充分届いている科目は、得意と判断して良いと思います。しかしそれを大幅に下回る科目は、何らかの対策が必要です（6年生の春以前の模試は、単に授業で教えた単元の復習である場合が多く、参考にするのは危険です）。

ここでプロの登場です。是非塾を活用して教わって下さい。しかし、ただ通わせていても効果は期待できません。必ず室長先生に相談して下さい。塾には生徒を集めるという側面だけでなく、合格者数を増やすという絶対的な使命があります。やる気のある親御さんは大歓迎です。さながら共同戦線です。対応の良い塾を選んでください。

受験がいよいよ終盤に差し掛かっているのであれば、なおのこと残された時間の配分を考える必要があります。自宅で学習できる科目内容は自宅で、塾で教わる必要があるもののみ塾で行っていきたいものです。つまり４科目ではなく、２科目や場合により１科目の受講となる訳です。得意または自分でも対応できる科目は、繰り返しになりますが塾のテキストをメインで進めてよいでしょう。１科目でもその塾に通塾していれば、テキストは購入できると思います。さらには、その塾に所属しているということで、他の科目のわからない問題も、質問時間に教えて頂ける場合もあります。是非相談して下さい。

誤解してほしくないのは、１科目でも採っていれば都合よく全科目教えていただけるということではありません。あくまで**塾は補習であり、基本的には親子で一致団結して受験を乗り切るという決意をしっかり持った上で、室長先生と相談してほしい**と思います。**依存ではなく、自分たちのことは自分たちで解決するという姿勢**です。受験を通してこのことも子どもたちに学んでもらえれば、より実り多い時間になると思います。

16 塾の合格者数・合格率のカラクリに気づく

毎年、塾の合格者数がその塾のポスターに載るものです。数字だけ見れば、その学校の生徒のほぼ全員がその塾生であったかの様相です。しかも他の塾も同様であるように見えます。さらには、合格者全員を足したら、一体どれだけのマンモス塾なのか、はたまた合格する子どもたちは皆、塾を掛け持っているのかと不思議に思う程です。同じ名前の塾でも各教室で合格者数が違うこともあり、この教室は○○中学に強いなどというまことしやかな話まであります。

最近は広告の表示にさまざまな規制があるようで、「模試だけの生徒を除く」という文言を見ることも多いですが、いずれにせよ嘘を書くことはありませんから、事実といえば事実です。

理由としてまず考えられるのは重複合格です。一人が複数校合格をいただいているのです。また、過去に通塾していて現在は辞めている子どもたちも、自宅に電話をかけて確認し合格者数に足しています。これですと塾を掛け持ちしていなくても、２つの塾から合格者としてカウントされます。

では、**合格者数が多ければ多い程、わが子の合格が近いのかといえば、そうではない**ことは皆さんわかっていることだと思います。しかしいざ選ぶとなると、ついつい気にしてしまうのが親心。その感覚はわからないでもないですが、そこには依存心が見え隠れしています。わが子の学力を少しでも上げてくれるのではないかという期待感もあるでしょう。しかし当たり前といえば当たり前ですが、勉強するか否かは子ども自身、または親の協力次第です。**皆さんが希望の高校や大学に合格、または不合格だったのは塾のせいだったでしょうか？**　良くも悪くも自分だとよく知っているはずです。

塾の合格者数はあくまで目安です。全くのゼロというよりは、過去に合格者がいた方がよいとは思いますが、現在のこのシステム化された受験そして塾に、大きな差は見出せません。それよりも、個別に塾の先生と話し合い、その対応や教室の雰囲気で選択することが望ましいでしょう。

17

成績が上がらないのは子どもが原因ではない

正直なところ、成績の良否は子どもが原因ではありません。どうしても落ち着きがなく集中できないといった現象があったとしても、根本的に子ども達自身に原因はないのです。

子ども達の成績が上がらないことには、いくつかの原因があります。

まず、基本的に子ども達にとって受験勉強とは人生初めての出来事であり、経験がないことなのです。経験のないことをうまくやれというのは、子ども達でなくても本当に酷なものです。受験勉強というものの進め方をきちんと教えていくことで、必ず改善がみられます。それにあたっては、家庭学習だけでなく塾も重要な位置を占めます。そうはいっても、塾に丸投げしていればなんとかなるという程、現在の中学受験は甘くはありません。

受験勉強に関しては、積極的に親が関わりサポートする必要があるのです。

塾よりももっと大事なことは何でしょうか。**成績が上がらない原因は「家」にあるのか**

もしれません。考えてみるべきは生活習慣です。生活のリズム、食事、礼儀マナーなどです。健康でなければ集中力が保てるはずがありません。ファーストフードや出来合いの食事では栄養のバランスが損なわれます。極度の夜型の生活も悪影響しか及ぼしません。そして礼儀のない子どもは親の躾の問題でもあり、勉強に集中できないことは勿論、試験会場での粗相にもつながります。**特に食事の改善は、肉体だけでなくメンタル面も劇的に改善します。**子ども達は成長発育の真っ只中にいるのです。食生活がおろそかであれば、おろそかな肉体と精神ができ上がってしまいます（これらに関しては別項で）。

子ども達が健やかに育ち勉強に打ち込めるようになるには、何といっても親の協力とサポートが必要です。確かに親としては日々忙しく仕事や家事をしなければなりません。ともすれば子育てが後回しになることもあるでしょう。しかし、中学受験という事象を通して、親子が同じ目標に向かい一緒に切磋琢磨できることは、子育てにおいて本当に大きなチャンスなのです。自分の子どもの頃を思い出してみて下さい。あの時ちょっと気づいていれば、あの時いっておいてくれればということはなかったでしょうか。今、目の前にいるわが子に対して、ちょっとした親の気づきとサポートがあれば、必ず変化は起こります。

18
Ｖ字回復は必ずできる

子どもの成績で最も安心できるのは、右肩上がりの時、またはおおむね高いところで平行線の時ぐらいだと思います。上下しているのも心臓に悪いものですが、わが子のように6年生の11月の模試で、それまで右肩上がりだった成績が突如ガクッと下降し（四谷大塚模試56）、合格可能性20％以下になったら、想像しただけで失神しそうではないでしょうか？　11月の模試ですから、細かい数値がわかったのは返却された11月末。

この結果を受け、このままではいけないと思い、私達夫婦はわが子の学習に関して総点検を行い、大幅な方向転換をしました。そして12月の模試では奇跡のV字回復をし、10月の結果を上回る偏差値（四谷大塚模試67）を記録。結果本命校で合格をいただくことができました。

また翌年、小学2年生から塾に通っていたにもかかわらず、成績が下げ止まらなかった子（次頁、インタビュー記事で登場する親子です）に関しても、6年生の8月の模試で過去最低であったのが、9月の模試でV字回復を始め、結果的に当初予測されていた合格圏を大きく上まわる学校に入学することができました。

これらの結果を通して私は知りました。**親が子どもに真剣に寄り添って学習方法を考え、変更すれば、こんなにも状況が激変するということを。**そして多くの場合、子ども達はいかに時間のロスが大きい学習方法を取り、結果が伴わない現実に親子とも精神衛生を害し、受験のために嫌な思いをさせられているのかに気づきました。学習方法と環境を家族で考え直し変更することで成績は上向き、子どもを中心とした家族の会話も増え、受験とは家族の絆を再確認できるツールなのだということに気づく体験をしました。家族愛こそが、成績の特効薬であるとわかりました。中学受験は、ただ子どもが頑張ればよいものではなく、ただ苦痛なものでもないのです。

V字回復は可能です。そのためには本気でわが子のためを考え、行動を始めてほしいのです。家族は本来協力し合っていくものです。これこそが回復の鍵です。

Interview

梅津先生の導きで合格した親子にインタビュー

（登場人物：現在中学一年生のM君と、そのお母さん）

M君もお母さんも、著者梅津先生の歯科医院に通う患者さんでした。最近どうしてる？　という世間話をきっかけに、M君の勉強のこと、塾のこと、中学受験全般のことを相談をするようになり、中学受験の一部始終を梅津先生にアドバイスいただくようになりました。その経緯をお話いただきました。

■インタビュアー：M君の中学受験のお話を聞かせて下さい。そもそも中学受験のいきさつは。

■お母さん：Mは小2から進学塾で有名なS塾に通っていました。入ったときには上のクラスに入れていただきましたから安心しきっていました。その頃から地元の公立中に行くことは考えておらず、漠然と中学受験を考えていました。幼稚園は私立の幼稚園で、ママ友たちも中学受験を考えている人が多い雰囲気でした。

小4の後半の頃のことです。朝、起きられず、Mが小学校をよく休むようになりました。医師の診断では起立性調節障害ということでした。心配な日々を過ごしまして、5年生になり、先ほど申し上げたS塾のクラスが下から二番目のクラスにまで落ちていきました。

どうしようか？　塾を変えた方がいいのではないか？　と、他の塾に行くことをいろいろ検討するようになりました。大手チェーンのT塾と近所にある個人塾のC塾に話を聞きにいき、検討しました。結局、先生がW大卒とT大卒でしたので個人塾のC塾の方に決めました。5年生の9月のことです。

C塾に通い始めましたが、成績はいっこうに上がりませんでした。何度も相談に行きましたが、「それならもっとやりましょう」と先生にいわれ、「土曜日も来なさい」ということで平日の夜以外に土曜日も通うようになりました。「本当に大丈夫なんでしょうか？」

と聞きますと、先生は「大丈夫」とおっしゃいますし、そのまま通い続けました。以前から通っていたS塾も並行して通っていました。

そしてそのまま小6の夏休みを迎え、夏休みも終わり。Mの成績はいっこうに上がりません。上がらないどころか、模試ではビリから数えた方が早いくらいに落ち込んでいきました。途方に暮れました。

その頃、梅津先生にこの経緯を一部始終、話して相談していました。C塾からは「志望校に絶対に合格させる」といわれていましたし、このままお願いするしかないかと思っていたのですが、でもいっこうに成績は上がらない。

「進め方、やり方が違うよ」という指摘を梅津先生からいただきました。この時です、やっと目が覚めたのは。中学受験の進め方を梅津先生に教えていただきました。模試で間違ったところを塾に教えてもらうやり方にしたのです。そして、「基礎がまったくできていないね」という指摘を梅津先生にいただきました。

梅津先生に、日めくりで着実にやっていかないと、ということを教えていただき、それこそ何ができて何ができないのかを洗い出すところからお世話になりました。

5年生の9月に入塾したC塾にすぐ電話をして、きっぱりと「お宅に通うのはやめます」と塾を辞める意思を伝えました。6年生の9月1日のことです。

この時、C塾には月15万円、S塾には月6万円、定期預金を取り崩して払っていました。

梅津先生とその息子さんの中学受験のやり方に学びました。もう、いくら感謝しても感謝仕切れません。あのままだったら今の私たち親子はいません。「テキストはまずこれをやってみて」といわれるものをやり、C塾だけでなく結局S塾も辞めました。

塾の値段は、高い方がいいのだと思い込んでいました。塾に毎日通う時間ももったいないということで、大手チェーンで比較的費用もお安いところで、算数のみ週に2回、通うことになりました。

つまり、親子でやっと理解して取り組むようになったのが小6の秋だったのです。それまで、塾任せでただやみくもに時間を過ごしていました。梅津先生に進め方を教えていただいてから、「ああ、こんなに色々なことがわかっていなかったんだ…」とやっと気づくことができました。

小6の12月に、小4の算数からやり直しが始まりました。基礎を習ったはずなのに忘れてしまっているということでした。梅津先生に2週間に1回、学習のやり方、進め方を見てもらいました。算数以外もすべて塾任せにしていたのをやめ、家庭教育に切り換えました。

この頃のことをMに聞くと、「それまでは何をやっているのか自分でまったくわかっていなかった、このやり方にしてから、自分が今目の前で何をやっているのか、何をやることが重要なのかが見えて来たように思う」といっています。

「基礎の基礎が大事」。これにつきると思います。

梅津先生に、「理科社会が苦手だし、中学受験はあきらめて、高校受験で頑張ればいいかと思う。科目に英語も加わりますし」といったことがあります。梅津先生は、「中学受験でできないなら、高校受験でだってできないよ！」とおっしゃいました。

そして、Mが小6の秋、親子でやっといろいろなことに気がついた時、私が鬱病を発症します。塾に、受験に、本当に翻弄された母親です。

■インタビュアー：何が一番良くなかったと思いますか？

■お母さん：一番の間違いは、2年生の時に行き始めた進学塾だったと思います。Mは小1から筆算もできて、進学塾に入った時に上のクラスでしたから、「なんだ、うちの子、できるのね！」と親バカのままでいたのです。甘かった。それと、塾は費用が高い方が成績を上げてくれるに違いないと思い込んでいました。受験産業の巧みさをお父さんお母さんが見極められるようにならないといけないんだと思います。

それと、生活習慣です。私立幼稚園に通っているときから、早寝早起き他、生活習慣がしっかりついていなかった。幼児期からもう始まっていたんですね。

■インタビュアー：中学受験を経て、良かったことは何ですか？

■お母さん：気がつけたことです。私自身が自分で自分に甘いということ、Mに生活習慣を身につけさせるような生活習慣を自分自身が持っていなかったということ、基礎がどれだけ大事かということ、初歩の初歩から繰り返しやらないといけないということ、すべてにおいて繰り返しさせてこなかったということ、やりっぱなしはよくないということ、習慣にも勉強にも穴が開きまくっていたということ。これに気がつけなかったらどこにも受からずに終わっていたかもしれません。

梅津先生には本当に支えていただきました。梅津先生の導きがなかったら大失敗で終わっていました。中学受験をきっかけに、たくさんの〝気づき〟をいただきました。感謝してもしきれません。

注※M君は東京六大学の私立附属中学に無事合格、元気に通学中です。現在、クラスで2～3番の成績で頑張っているそうです。

第2章

中学受験の備え方

①勉強のコツ
②下準備編
③「学習予定表」の作り方

勉強のコツ

19 短期記憶と長期記憶の違いを理解する 重要

記憶には短期記憶と長期記憶とがあることは、大人にとっては当たり前のことのように思えますが、これを子どもに理解してもらうのは想像以上に難しいことです。歴史の年号などは、大人以上に子どもたちはその場ではサクサクと覚えます。しかしそれは一時的に覚えた状態でしかないということが伝わらないのです。ですから、すぐに「覚えた」「わかった」といいますが、あてにならないことは、皆さん感じていると思います。

まずは、今自分が覚えたことが短期記憶でしかないということを、子ども自身に自覚してもらわないといけません。例えば理科や社会の暗記もので、新規に1ページすべて覚えます。植物系や地理系など、無味乾燥な問題がよいでしょう。30分もあれば1ページ程度なら、子どもたちは簡単に短期記憶してしまいます。子どもたちが覚えることができた状態を確認してください。そして、4、5日たってから何の前触れもなく、その問題を解いてもらいましょう。覚えているのは、せいぜい半分になるのではないでしょうか？　この状態が長期記憶となっていないことであり、**この状態では試験に同じ問題が出たとしても正解できないということを説明してあげて下さい。**しかし、子どもたちはこれを一度や二度やってみたくらいでは理解できません。子どもたちはたまたまできなかったくらいにしか考えていません。何度となくこのやり方で事実を伝えてほしいのです。同じ問題で4、5日空けてはやることを繰り返すと、**3回目くらいからやっと完全に覚えている状態になってきます。これが長期記憶となった状態なのだと教えてください。**そしてこのように繰り返さなければ覚えることはできないものの、回数を重ねる度に覚えている量が増えているということも教えて、そしてほめてあげてください。学習の積み重ねとは、このことだとも教えてあげてほしいのです。

物事は何でもそうだと思うのですが、できるようになってくると楽しいものです。しばらく経ってできない時に、ただ叱られて終わりにしていては、何度やっても「できない」→「叱られる」の繰り返しであって、覚えるということはありません。子ども達はどんな子でも純真なものです。できるという実感が持てれば、やる気を出して取り組むようになってくれます。

20

暗記の方法は子どもによって違う

暗記の方法は人によって違うということは、いわれてみれば当然なのですが、これがいざわが子のこととなるとなかなか教えることが難しいものです。

何度も繰り返しになりますが、中学受験は現段階では、暗記がほとんどといっても過言ではありません。今後は暗記一辺倒ではなく思考力のテストを行うともいわれてはいますが、まだまだ現実は暗記主体です。また、中学受験で覚えるべき内容の総量はほぼ決まっていて、この総量をいかに覚えることができたかどうかが問われているのです。

皆さんも学生の頃、暗記に奮闘されたと思います。たくさん書いて覚えるタイプ、何度も繰り返し読むタイプ、声に出して覚えるタイプ、メモにして移動中持ち歩くタイプ、壁に貼るタイプ。じっくりと見て視覚的に覚えるタイプ。どれを選択するかは、自分に合う方法を選ぶしかないことはいうまでもありません。しかしそこは小学生の子どもというもの。学校では教わらないこととはいえ、自分に合う方法をみつけられないどころか、暗記の方法すら知らないものなのです。そして親も、ついつい自分がやってきた方法のみを教えてしまうものなのです。「いっぱい書いて覚えなさい！」といったことはありませんか？たくさん書く方法は本気で行えば効果はあるのですが、単に書くという作業で終わってしまっては、ダラダラ時間を浪費して全く効果が得られません。

どの方法がその子にとって最も効率がよいのかは、実際に調べる必要があります。子どもが体調もよく気乗りしている時に、先程の６つの方法を試してみることをお勧めします。もちろん、その他の方法もあると思いますので、さまざま試してください。そして効果のある方法も一つとは限らず、組み合わせる場合もあると思います。

「こうすれば自分は覚えられるのだ」という自信は、子どもたちにとってとても重要です。受験期間中、時として壁にぶつかったとしても、自ら乗り超えていく底力となります。暗記力に自信が持てるということは、生涯の学習のおいても有効です。中学受験を通してこれもまた学びとなることのひとつです。是非実践してください。

21

「思考力を試す問題」にふりまわされない

近年の入試で、「思考力を試す問題」「奇をてらった問題」と称される設問が話題にあがっています。例えば平成25年に麻布中学で出題された、「ドラえもんが生物として認められない理由を答えよ」といった問題や、電車の車内広告で「中学入試の過去問」として掲載されている問題は、大人でも答えに窮してしまいます。このような問題が今どきの受験では主流なのかと思ってしまうと、親として驚愕し、頭をかかえ、とても自分では歯が立たないと感じてしまうでしょう。しかもそれらの問題はトップ校でなくとも出題されていますのでなおさらそのように思ってしまいます。しかし、志望校の過去問を見てみてください。見ればわかることですが、このような出題をする学校はほぼ決まっており、**必ずしも受験勉強に必須の内容ではないのです。**

また、逆の立場でも考えてみて下さい。採点する側になってみていただきたいのです。

正解はどうなるのかを考えれば、必ずしもひとつではないことは明らかです。採点基準を公平にすることも困難です。さらに、出題の範囲や分野はいくらでも広げることが可能です。では、**何が問われているのかというと、いかに物事を論理的に考えられ、しかもそれを文章としてまとめられるか、なのです。作文は子ども達の多くが苦手としています。ちょっと練習してなんとかなるわけがありません。**

しかもこのような出題は、出題全体の中で一問だけです。他の設問のほとんどを正解しているにもかかわらず、このような問題ができないがために得点できないとは思えません。逆に**このような特異な問題だけができたからといって、配点が高いとも考えられません。まずは一般的な問題をしっかりと解答する実力があって、その上でプラスα的に点を取るための問題**という扱いです。

社会の弱点克服法でも記しましたが、いわば時事問題と同じです。つまり、学習時間をムダにしないためにも、この手の出題が過去問にあるのかをよく見定めましょう。

22 予習よりも復習

受験勉強はただただ復習あるのみです。復習が究極的に重要なのです。何としてもこのことをお母さん達に明確に理解してほしいと思っています。

別項で、6年生の春までの模試の場合には予習もありと記載しましたが、それすらも本質的にはその単元の復習であることは明白です。実力をつけるということは、復習することです。しかし、ここでいう復習には一つの法則があります。それは、できなかった問題を一問一問復習するということです。**ただ「復習しなさい」といって、流していても効果はない**のです。

本来学校の宿題も塾の宿題も、復習を意図しているはずです。しかし現実には、授業で教わる部分は時間の制約もあり一部であって、その上、家庭で行う宿題は復習の領域を超え、チャレンジ問題と化してしまっているのです。チャレンジ状態ですと、一問解くのにも四苦八苦で時間を無駄に浪費してしまいます。それで正解できるのならよいのですが、不正解だとまた最初からやり直すことになり、どれだけ時間があればよいのか見当もつかなくなります。理想だけいえば、塾でほぼすべての問題を解説して教わり、その同じ問題を家で振り返れれば最高なのですが。

同様に、模試の復習も非常に重要です。模試は実力判断の材料だけでなく、教材としても価値が高いのです。間違えた問題を忘れないうちに復習しましょう。つまり、日頃のテキストや宿題の問題も、模試で間違えた問題も、上手に復習することさえできれば、これ以上ない実力がつきます。それには復習の時間を自宅できちんと取る必要があるのです。

その問題の解説を子ども自らが読み、解き方を理解し、自力で解ける状態になる必要があるのです。そこまでやれてこそ、復習の意味があります。それには時間が必要です。時間のマネージングは、子ども達には経験がないわけなので当然苦手です。ご両親の出番です。**どれだけ時間を割いて何を行うかのマネージング**です。復習を制する者が、受験を制す。わが子の勉強のペースを見極め、的確なマネージングをしてみてほしいのです。

23 学習のはじめには毎日ウォーミングアップ

さあ今日も勉強を始めよう！　といわれて素直に意欲を持って始めることができる子どもであれば、そもそもこの本を手にすることもないかと思います。重い腰が上がらないのは皆同じ。**一日の勉強の始めには、負荷にならない程度の計算と漢字練習をお勧めします。**計算力と漢字力はどうしても一朝一夕には身に付かないだけでなく、おろそかにすれば受験に際し足元をすくわれること必至です。計算と漢字は点取り問題なのです。漢字は知っていれば自動的に点数になる。計算も間違わなければすべての問題で有効。入試が迫っているのであればもはや仕方がないのですが、まだ6年生でないのであれば、是非漢検や公文式等をお勧めします。勿論漢検も公文式も楽ではありません。しかし受験までにそれなりに終わらせていれば、大きな武器になります。他の子どもたちが行わなければならない計算と漢字練習の学習時間を他にあてることができ、さらなるアドバンテージとなります。実際にわが子も、また他の同級生も、漢検で小学校の範囲を終わらせていたので、受験勉強としての漢字学習はする必要がなく、学習時間を他の教科の補強にあてられました。もっとも、中学に入ってクラスを眺めてみれば、英検２級取得者が複数いたりするので、子ども達のポテンシャルの高さには驚きを隠せません。やってできないことはないようです。

ウォーミングアップには他の意味もあります。**学習の開始として調子をつかむ意味もあるのです。**ボリュームのある内容だとこれに終始してしまいますので、コツコツと毎日、焦る気持ちを抑えて漢字や計算でウォーミングアップをして下さい。漢字に関しては、６年生なら残りの期間から割り算して１日の量を決めることも是非やって下さい。できれば余裕を持って12月からは復習ができるように予定を組んでほしいものです。復習の日にちをなんとか確保する予定を立ててみましょう。計算は簡単でもよいので少しやって、調子をつかんでからその日の学習に向かうようにしましょう。

もちろん先にも述べましたが、ウォーミングアップの内容が必要のない子、つまり、漢字も計算も余裕のある子は、どんどん本来の受験勉強を進めて下さい。時間は限られています。

24 過去問で、子どもと問題の相性をみる

過去問を本格的に解くのは6年生の夏以降が原則です。というのも、塾のカリキュラム的に、多くの塾では6年生までの全範囲を一通り終わらせるのが、6年の夏期講習前までとなっているからです。つまり、それ以前の段階では実力不足で解ききれないのです。ですから、過去問の点数の良し悪しは、その時期では本質的には測ることができません。

しかし、国語であれば問題内容によっては解くことができます。必ずしも6年の範囲が終わっていなければ解けない問題ばかりではないからです。問題との相性をみるのには国語が最も適していると思います。国語は扱う問題文にも、問いにも出題者の意向が反映されます。言葉遣いとしての相性が合わないと、子どもたちはまるで理解ができないようです。実際に大人でも、読みつけない雰囲気の文章は理解に苦しむことがありますが、それと同じです。

国語の過去問を2、3回分解いてみて、問題文についても問いについても理解があまりにもチンプンカンプンになっているようでしたら、実力不足なだけでなく相性もあるのではないかと一考してみてほしいのです。志望校が複数あればなおのこと試してみてください。いくつかの志望校の問題で正答率が高いのであればそれは相性がよいというものです。

出題傾向は4年周期であるというまことしやかな話がありますが、試験内容は各学校側の考えで決まるということで必ずということではないと思います。各科目の先生方で協議して決めている試験問題ですので、極度に変化するというのは異例なことですし、逆にそれゆえに傾向というものが出るとも思います。

国語の過去問は是非お母さんも解いてみて下さい。文章題は現代文です。読書ができれば本質的にできるはずです。しかし、なんとなく意味がつかみにくい、答えが導きにくいと感じるようであれば、普段使っている言葉、言い回し、着眼点などに違いがあるのかもしれません。同様に子どもたちもまた難解に感じるわけです。

25

パズル感覚で短期記憶し、自信をつける

8桁の数字を1回で暗記したり、二つの絵の違いをパッと見つけたり、大人にはすっかり頭が固いせいなのか苦手なものですが、子どもたちはとても簡単にできるものです。これはすごいことです。子どもたちには、大人にはそうそうできないこの短期記憶能力で是非とも自信をつけてもらいたいのです。別項でも述べていますが、短期記憶だけでは受験を乗り切ることはできません。しかし、短期記憶で本人に自信をつけてもらうことはとても重要です。

まず短期記憶でできるということを理解し、それを自信にして、後で長期記憶に転換する練習をすればよいのです。

受験という長丁場、調子が上向きの時もあれば下り坂の時もあるものです。模試で点数が悪ければ、親はもちろんですが本人も充分落ち込むものです。そんな時に**息抜きも兼ね**

て、親子で短期記憶を競い合い、結果的に大人が負けることで、子どもに元気をつけさせてほしいのです。具体的には、社会であれば歴史の年号などを1ページだけ一緒に覚えてみたり、理科であれば昆虫や植物の部分の名前を覚えてみたりするのがよいと思います。

ダラダラ勉強になってしまっているときの気分転換にもお勧めです。競い合うことはやり方を間違わなければ子どもたちにとって楽しいものです。しかも結果的に子どもたちが勝つ訳ですから気分も乗ってきます。

自分はできるという気持ちは必要です。**上手に大人が誘導して、子どもたちのアシストをしていきたいものです。**

26 息抜きにも学びをプラス

ここでいう息抜きとは、いよいよ受験も押し迫った6年生の秋以降での息抜きと思って下さい。この時期1分1秒も惜しい時期です。ですから息抜きがゲームやテレビである必要はまったくありません。ホッと一息つければ、ガリガリした勉強という雰囲気から開放されればOKです。むしろこの時期にテレビやゲームを息抜きと位置付けてしまうと、勉強とは苦痛なものであるとさらに上塗りしているようなものです。目標達成に主眼を置いていきましょう。

勉強の雰囲気ではないのに、**学力の向上に役立つことをさりげなく子どもたちに与えられる環境の用意**をお願いしたいのです。いくつか例を挙げてみましょう。

- **大人向けの「小学生の算数解けますか?」のような小ぶりな本**
- **理科の不思議や宇宙に関するオールカラーの本**

・歴史漫画

・「漫画で覚える」タイプの学習本

これらが試験問題で出るかどうかは未知数ですが、ちょっと勉強から開放された気分になってくれれば大成功です。ボーっと眺めていてもよいのです。時間を区切って5分から10分程度声も掛けないでそっとしてあげて、気持ちをクールダウンさせてほしいのです。これがオンオフになります。

学習の休み時間である休憩にテレビやゲームをしてしまうと、興奮状態になってしまい落ち着くことが難しくなります。「そっとする」ことが大事です。テンションの上がることと下がることは抑え、落ち着いた気持ちでこのラストスパートの時期を過ごすことが、最後の最後の成績アップだけでなく、試験にも活かされてきます。

また、くれぐれも、この休み時間に甘いものを食べさせないようにして下さい。甘いものは急激な血糖値の上昇と下降を生むので、眠くなったりして集中力が低下します。**「子どものご褒美」＝「甘いもの」は間違ったすり込み**です。この点も忘れないで下さい。

27 短期記憶定着に、中4日のローテーション

記憶には短期記憶と長期記憶があることは、別項でお話しました。この短期記憶を長期記憶に変換するために、塾の学習の流れやシステムも組まれているのです。ですので自宅学習も、その変換に焦点をあてて進めていく必要があります。ましてや試験の押し迫った1月、パッと覚えたどんな短期記憶も長期記憶に変換させて、確実に自分のものとしてほしい、なんとか2月の3日まででいいから覚えていてほしい、この執念ともいえる気持ちを子ども達に伝えてほしいのです。

1月にもなれば、わが子が苦手とする単元の内容も詳細にわかってきます。どの問題集やテキストを制覇すれば終了なのかがハッキリしてくると思います。各科目でせいぜい3冊程度にまとまるかと思います。計10冊程度の総仕上げに向けて、短期記憶が薄れてしまう中4日程度のローテーションを最初に組んで表を作ります。表を作っておかないと、連

日同じ内容を行ったり、逆に日にちを適切に空けて行えなかったりしてしまいます（具体的な方法は後述）。**４日もすると半分くらい忘れてしまうので、親子ともに衝撃が走りますが、それは子どもにとっては現状把握の自覚を持つチャンスですから慌てずに。**「なんで覚えてないの！」となじっても始まりません。覚え方がわかっていないだけなのです。短期記憶を長期記憶にする方法が腑に落ちていないだけなのです。後述しますが、間違えた所に正の字を付ける方式で行いますので、繰り返し行っていくと、徐々に覚えなければならない総量が減ります。同じ内容を学習する日は、中３日、中２日と間隔が短くなりながら繰り返すことになります。

この段階まで来ると、もう先が見えています。苦手だったこと、覚えていなかったことの完全制覇は目前です。予定した問題集やテキストはすべて覚えたことになります。やれることはやりました。後悔はありません。そんな気持ちでどうぞ試験に挑んで下さい。

28 塾のテキストは活用できる！

大手塾で使用するメインテキストは、その塾の生命線でもあるので大変よく練られ、内容も網羅されていてすばらしいと思います。解答解説も他の書店販売の問題集よりもよくできている印象です。通塾生でなくても、書店で購入することができる塾のテキストもあります。

活用とはいいましたが、ようは1冊丸ごと暗記してしまうということです。本当に丸ごと暗記できれば、相当な学力が付くことは間違いありません。しかもそれが全科目合わせても4科目しかないのですから、大人の理屈では頭の柔らかい子ども達にとっては、できない相談ではありません。是非チャレンジを！

テキストの構成は、おおむね「基本」「応用」「発展」の3段構成でできています。テキストの使い方を参考書も兼ねる使い方として一つ提案しますと、**「基本」部分では答えを**

書き込んでしまい、その部分をチェックペンで塗って緑や赤のシートで隠して覚えるようにしてしまいます。別の本を用意する必要がなく便利です。次に、**「応用」ですが、学力（偏差値）が不足している場合は、ここまでを完璧にするつもりで**臨みましょう。**「発展」まで完璧にするのは偏差値上位校の受験者が対象**となります。ましてや御三家の過去問が問題に使用されている場合は、御三家を受験する子ども以外には必要ありません。「応用」部分を完璧にするにあたっても、理解不足で腑に落ちていない場合は、このテキストとは別に問題集が必要です（これについては別項で説明します）。

「応用」がスラスラ解けて余力がある場合には「発展」に進みます。つまりテキストは、頭から終わりまで行うのではなく、**実力に応じ「応用」までなのか「発展」も行うのか使い分ける**必要があるのです。

間違えた問題には、「正」の字を付けていって下さい。１回間違えたら横棒、２回目も間違えたら縦棒を書き足して行くのです。復習は印の付いた部分だけをやり直せばよいので時間を無駄にすることがありません。同じ問題を何度も間違えると、その問題だけ正の字が増え、自分が苦手な問題を子ども自身もひと目でわかるようになり一石二鳥なのです。

29

問題集の使い方—付箋の横貼り、縦貼り

ここで説明することは、前に書いた「正の字を付ける」の次の段階となります。間違えた問題に「正の字」がそれなりに付いていることを前提に進めます。

時期としてはいよいよ秋から冬に変わるあたり、すでに問題集やテキストは何回か繰り返し解き直している段階ですから、「正の字」が多く付いた問題も限定されてきていることと思います。この段階から改めて問題集を解き直す際に、付箋を活用します。

まず、「正の字」の多い問題を最初から順に解きます。もう身に付いてしまってできる問題もあると思います。できない問題にぶつかったら、そのページに付箋を付けます。まずは横向きに付箋を付けていって下さい。1回その問題集が終わると、30枚以上は横に付箋が飛び出した形にでき上がったと思います。

次に、この問題集をおさらいするのは、**短期記憶が消えてくる1週間程度経ってから**で

す。この時のおさらいは付箋を付けた問題だけを行います。もちろん短期記憶なので、できる問題もありできない問題もあり、です。できた問題の付箋ははがします。そしてできなかった問題の付箋を、今度は縦方向に貼ります。こうすると、前回どこまで進んだかが視覚的にすぐにわかるので1日でその問題集を終えることができなくても、明日以降どこから始めればよいか考えなくてすみます。また、貼り替え作業により、できた問題の付箋をはがして捨てる時には達成感満足感がひとしおです。この縦方向の付箋の数は、前回より減ってきているはずです。さらにこの問題集をおさらいする時には、できなかった問題の付箋をまた横方向に貼り替えます。横縦横縦と貼り替えはがしていくうちに、徐々に付箋は減っていきます。**子どもたちには、この付箋がなくなることがゴールなのだと伝えて下さい。**この付箋がゼロになった時こそが、この問題集を完全制覇した瞬間なのです。

総仕上げに使用する問題集には、この方法でどんどん付箋を減らすように指示してあげて下さい。付箋が減ってくると、その問題集を1冊行う時間がどんどん短縮され、学習の効率が上がってきます。ペースが出てきます。

30 できない単元や問題が出現したら喜ぶ

何度となく「中学受験のための学習の総量は決まっている」と書きました。本当だろうか、そんなはずはないと感じる方もいると思います。確かに受験問題は受けるまで公表されませんから、元来、雲をつかむようなものです。どこまでやれば合格にたどり着けるのか、子どもよりも親の方が焦りや不安があるものです。

今までやったことがない問題が出題されたら？　やり残した問題は本当にないのか？　去年とは異なる傾向になってしまうのではないのか？　など。確かにその気持ちはよくわかります。

であるならば、暮れも押し迫った時期に、見たこともない問題と遭遇することは、チャンスと思えないでしょうか？　つまり、試験が近付けば近付くほど、できない問題があれば焦りがつのり、ともすれば子どもを叱ってしまうものですが、それを逆手にとらえて**網**

2
①勉強のコツ
中学受験の備え方

羅できなかった穴を埋められるビッグチャンスと考えるのです。

できなかったことをできるようにする。本質的にはこれまでと何も変わらないのです。慌てずに、順にできるようになっていけばよいだけのことです。むしろできないことを問題が指摘してくれている訳ですから、学習がマンネリ化せずに済むというものです。案外、１月に入ってもそのようなことは起こります。

もちろん、その場合の克服法も、**解説を読み、単元を分類し、類題を解き、理解を深めるために必要があれば別の問題集を手に入れる**という同様の手順で進んで下さい。どうしても理解に苦しい場合は、塾の先生に是非質問してください。

残された時間、悔いのないように思う存分親子で邁進しましょう。

31 御三家を受けない子には、御三家の問題はいらない

中学受験を始めると、御三家と呼ばれる中学があることを知ります。地域やその時代でも少々違うようですが、ようは偏差値が高いトップ3と考えてよいかと思います。そしてそれらの学校に共通していることは、試験問題の中に極度に難しい問題が含まれていることなのです。

その難解さは突出しており、さすがトップ校と思わせるのに充分です。しかしその内容は、小学生の学ぶ範囲からは想像もできないようなもので、一連の学習の流れから考えても学習範囲を超えています。必ずしもそれらの問題に手がかからなければ、その他のいわゆる偏差値の高いとされる中学に合格できないなどということはまずありません。ですからいわゆる御三家に合格される子どもたちは本当に素晴らしいと思いますし頑張ったと思いますが、**多くの受験生にとっては必要な学習ではありません。**

例えば、東京のトップ３校として、〈開成〉〈麻布〉〈筑駒〉があり、関西のトップ３校には〈灘〉〈洛南〉〈東大寺〉があります。問題集をやっていると、それらの学校名のついた問題をみつけますが、このことです。ですからそれらの問題がどうしても解けないといって嘆く必要はないのです。極端な言い方をすれば、それ以外の問題が確実にできるようになればよいのです。それ程に別格な問題といえます。これらの中学校の過去問は難易度の高い問題という扱いを一般的には受けているので、テキストや市販の問題集の「発展問題」や、ハイレベルとされるものに多く含まれています。問題集を購入するときに、よく注意してみてください。そのようなトリッキーな問題が解けるようになるまでに費やす時間は、御三家を受けない場合は本当にもったいないです。必要充分な実力をしっかりつけることの方が、受験にとって最優先です。

目標としている学校の難易度に合わせた内容こそが、残された少ない時間の中で無駄なく効率よく行うべき学習であり、最終的な結果を左右します。

32

一度解いた問題を絶対に逃がさないコツ

この項では子ども側の思考についてお話しします。

すでに時期として問題集やテキストは数回こなした状態であることが前提となります。そこまで学習も進んでくれば、子ども自身でも「どうして、解けないのか？」「どうして進めないのか？」を考えることができるようになっています。つまり、自分がわからないポイントがわかるようになるということなのです。「何がわからないんだ？」「どこがわからないんだ？」と聞かれて、サクサク答えられる子は、実際はわかっているのです。わからない状態とは、解法への方向性が見えていないということなのです。子ども達の「わからない」という表現を、何がわかっていなくて何がわかっているのか、落とし込んで行くことが必要です。

まず、何を問われているのかが、日本語として理解できているかどうかです。その場合は一緒に問題を読み砕いて下さい。次に、その問題が何の分野単元で問われているのか理解できるかどうかです。これも本人がわからない場合は見極めてあげて下さい。解説に記載されていることがほとんどです。どの分野単元なのかがわかれば、その後は類題の解法はどうだったかを思い出せるかどうかが問われます。**「あの時解いたあの問題に似ている！」と瞬時に出てくるようになればいうことなしです。なんとなくでもよいので筋道をたてて考えられること、解法へのイメージがわいてくるようになれば、その問題は身に付いたといえる状態**です。一緒に類題を探すことも、時間的余裕がある時期であれば、親子コミュニケーションの一環としてお勧めします。

この「なんとなく」でもよいので解けるということは、実は非常に重要です。塾によっては、このなんとなく解ける程度の時は、回答欄に記入しないであえて×となるようにしなさいという場合もあるようです。しっかりした理解を求める気持ちはわからないでもないのですが、なんとなく解ける問題は、次にやってもなんとなく解けてしまうものです。

下準備編

33 弱点克服法―社会

社会は他の科目よりも暗記力が問われることはいうまでもありません。無味乾燥とした暗記をどう克服するかです。しかし、子どもたちは興味があることならどんどん覚えます。アニメのキャラクターなどを覚えるのは得意中の得意です。

ゲーム感覚、クイズ感覚で覚えられるように誘導することができれば、暗記力は格段に上がると思います。チェックリスト形式の問題集は、各塾から一般向けに出版販売されています。

これは非常に有効です。社会の1行問題であり、まさにクイズです。一問一答ですから、1日の範囲を決めて、その範囲を何周もして短期記憶でよいので覚えてしまうまでやります。最初はわからなければ答えをどんどん見てしまってよいのです。何周もするうちに覚えていくものです。じっくり一つ一つ覚えようと取り組まないことが重要なポイントです。

例：チェックリスト形式の問題集

■社会

[公民と国際社会編]

日本国憲法

第3章 公民と国際社会編《こくさいしゃかいへん》

第14節　日本国憲法

*581 ①　日本国憲法が公布された年月日を答えなさい。
②　①の月日は、現在《げんざい》何という祝日になっていますか。
③　日本国憲法が施行《しこう》された年月日を答えなさい。
④　③の月日は、現在《げんざい》何という祝日になっていますか。

581 ①　1946（昭和21）年11月3日
②　文化の日
③　1947（昭和22）年5月3日
④　憲法記念日

582 ①　日本国憲法の（　　　）には、憲法の趣旨や原則、日本の政治《せいじ》の基本《きほん》となる考え方が示《しめ》されています。
②　日本では「国民が政治《せいじ》に参加し、国民の意思を政治《せいじ》に反映《はんえい》させる」という（　　　）主義がとられています。
③　日本国憲法の①には、②主義をわかりやすく表した「人民の、人民による、人民のための政治」という、かつてのアメリカ大統領（　　　）の言葉をもとにした一文があります。

582 ①　前文
②　民主
③　リンカーン

参　考
リンカーン（1809～65年）
第16代アメリカ大統領です。南北戦争では北軍を勝利に導き、奴隷解放宣言を出しました。

*583 ①　国の政治《せいじ》のあり方を決める最高の権力《けんりょく》のことを、何といいますか。
②　日本国憲法では、①はどこにあると定められていますか。

583 ①　主権
②　国民

*584　天皇《てんのう》は日本国と日本国民統合の（　①　）であり、（　②　）・法律・政令及び条約の公布、国会の召集、衆議院の解散、栄典の授与、儀式を行うことなどの（　③　）を行います。これらは（　④　）の助言と承認に基づいて行われます。

584 ①　象徴
②　憲法改正
③　国事行為
④　内閣

参　考
国事行為の種類
天皇が行う国事行為には、憲法改正・法律・政令・条約の公布、国会の召集、衆議院の解散、栄典の授与・儀式を行うことなどがあります。

*585　日本国憲法の改正は、各議院の総議員の（　①　）以上の賛成で国会が発議し、その後（　②　）が行われます。（　②　）の具体的な方法については、2007年に成立した（　③　）に定められており、憲法改正には有効投票総数の（　④　）の賛成が必要です。

585 ①　3分の2
②　国民投票
③　国民投票法
④　過半数

148

「サピックスメソッド社会コアプラス」－中学入試小5・6年生対象（代々木ライブラリー刊）

また、学校の教科書では受験に対し学習内容が不足しているのではないかと心配になるものですが、実は高校受験用の社会の問題集が大変有効です。実際には、うちではネット上の高校受験用問題を活用しました。小学校で習う内容よりもう一歩踏み込んだ内容が、まさに中学受験用にピッタリなのです！　志望校が踏み込んでくる分野に、プラスアルファとして是非活用してほしいと思います。

地理、歴史、公民、時事問題と社会科の分野は多いですが、**興味が持てるところをきっかけに、まずは塾のテキストや問題集の基本問題を総さらいし、その後、先ほどのチェックリスト的な問題集**を始めて下さい。社会科に慣れてくれば他の興味を持ちにくい分野にも進んでいけると思います。いきなり川の名前などの白地図から入れという方が無理というものです。

社会科で一つ、重要なポイントがあります。時事問題に関してです。時事問題は出題される学校とされない学校があります。志望校と滑り止め校で、過去に時事問題が出ていないのであれば、わざわざあの厚さの本を頑張る理由はありません。無駄な努力です。また、志望校で時事問題が出ている場合でも、配点を確認してください。一問だけ1行問題的に出題されているのであれば、そのために多くの努力をすることは時間のムダ。

そもそも社会と理科の配点が低い学校もあります。余力がある場合を除いて、押し迫った時期や、そもそもの偏差値に難がある場合には、不足している国語と算数の学習に重点を置いた方がよいでしょう。

34

弱点克服法—国語

中学受験での国語といえば出題されるのは現代文です。日頃使っている日本語の理解力が求められます。言葉をきちんと扱うことができ、本であればその内容が理解できているかどうかが問われるテストです。大方の大人であれば難なく答えられる内容がほとんどです。この点において、無口で話すことが苦手でボキャブラリーも少なく、読書の習慣もない子には極度に不利といえます。また、登場人物の心理を問う問題も多く、日頃の生活の中での気配りや、周囲の雰囲気がつかめない子どもたちにとっては難しいものとなります。さらに、出題する側の問題を難解にする手法として、日頃子どもたちが接しない、見たことも聞いたこともない、経験のない事柄を扱った物語から出題するということもあります。「父親を介護施設に入所させるお父さんの気持ち」なんて子どもにわかるわけがないと思ったこともある程です。

　では、読解力をつけるには読書の習慣をつけないとダメかというと、そうではありません。実は登場人物の心理を理解するのは別の方法でもできるようになるのです。マンガを使って、です。『ドラえもん』が最適です。ほとんどの子どもたちはマンガのオチの絵や、途中の擬態音などを面白がっているだけなのです。**親子で一緒にマンガを開き、主人公やその家族たちの悲喜こもごもの心理を、子どもたちにインタビューするのです。たったそれだけで読解力はぐんと付きます。**試しにのび太君のママは、なぜこの場面で怒っているのか聞いてみて下さい。うまく答えられない場合があると思います。大人には簡単にわかる理由です。それを丁寧に解説してあげてください。親子のコミュニケーションにもなって一石二鳥です。しかし、これを6年生の12月にやっていては遅すぎです。早めに終えていればなおいいですが、夏までにはこの方法を卒業して、本格的な読解問題を解いていてほしいのです。**国語は唯一親が教えることのできる科目**です。是非一緒にチャレンジするつもりで付き合ってあげて下さい。ちなみに漢字や文法は知らなければどんなに考えても答えられません。漢検を早くから取得したり、少しずつでも毎日必ず学習したりしてください。文法に関してはそれなりに問題数をこなすことで対応しましょう。

35 弱点克服法―理科

理科は学校により出題傾向に差があります。過去問の出題分野表は要チェックです。そして6年生の夏頃に過去問をまず2，3回分解き、親が○付けをしてください。そしてなぜ間違えたのかを分析してみてください。分析というと大袈裟ですが、単に暗記不足なのか、理科の計算問題が苦手なのか、そもそもの理解が不足しているのか、調べてみてください。

暗記不足には、先程の社会同様、**チェックリスト形式の各塾から出版されている問題集がなんといってもお勧め**です。クイズ感覚で解ける一問一答式です。覚えていないところに印をつけてサクサク進んで下さい。そして最終的には一冊まるごと覚えるところまでいきます。

また、わからないことを、長い文章でダラダラと説明されるより、短い言葉で説明された方が大人であってもスパッとわかることがあります。ポケットサイズの暗記専用の参考

例：チェックリスト形式の問題集

■理科

第5章　総合編

第13節　実験器具

607　次のＡ～Ｊの実験器具の名前を答えなさい。

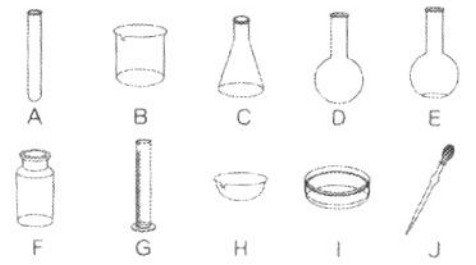

607　A　試験管
B　ビーカー
C　三角フラスコ
D　丸底フラスコ
E　平底フラスコ
F　集気びん
G　メスシリンダー
H　蒸発皿
I　シャーレ（ペトリ皿）
J　ピペット
（こまごめピペット）

608　試験管に入れる液体の量は，試験管の長さに対してどれくらいにするのが適当ですか。

608　$\frac{1}{4}$～$\frac{1}{3}$くらい

609　三角フラスコと比べた場合の丸底フラスコの長所を答えなさい。

609　熱や圧力に強い。

610　メスシリンダーの目もりの読み方
①　右図の｛ア　イ｝の高さを見る。
②　液面を真横から見て，メスシリンダーに対して視線が（　　）にあたるようにする。
③　最小目もりの（　　）まで目分量で読み取る。

610　①　イ
②　直角
③　$\frac{1}{10}$

611　温度計の液柱に使われている液体を２つ答えなさい。

611　アルコール・水銀

612　アルコールランプに点火するときのアルコールの量はどれくらいですか。

612　7～8分目

613　アルコールランプと金あみの間のきょりが適当なのは，下図のア～ウのどれですか。

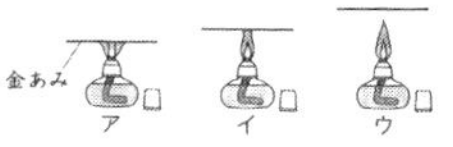

613　イ

142

「サピックスメソッド理科コアプラス」－中学入試小5・6年生対象〈代々木ライブラリー刊〉

書がお勧めです。とてもコンパクトによくまとまっており、全体像を把握しやすいようです。勿論細部は省かれているわけですから、このタイプだけでは勝負はできません。

逆に**計算問題など苦手単元がはっきりしていて、もっと理解を深めないといけないような場合には、その単元だけの参考書問題集の出番**です。苦手そうな単元別になっているので、みんなが苦労しているポイントは同じなのだなぁと感心する程充実しています。各社から出ている単元別の問題集は、レベルも基礎から応用まで幅広くあり、わが子の状況を見て選択できるのもよいところです。

さらにもうひとつ、理科に関しては注意すべきことがあります。**「ひっかけ問題」の存在**です。ここに親が○付けをする意味があります。ひっかけ問題の特徴は、問題自体はそれほど難しくないということです。それゆえに子どもたちもできると思って自信満々で解くのですが、記号や単位を普段とちょっと変えられただけでまんまとひっかかって×となってしまうのです。子どもたちにしてみれば、できたはずと思った問題で間違ってしまうのです。親がこの状況に気づいたら、よくよく教えてあげてください。とある偏差値60以上の学校で、2年連続で同じひっかけ問題が出ていました。漫然とやるのではなく親子で一致団結して挑んで下さい。

36 弱点克服法──算数

子どもたちの得意不得意に実はそれほど個人差はありません。どの子もおおむね同じような単元が苦手なのです。それは中学校側も充分にわかっているからこそ、試験問題が作れるというものです。それに挑むわれわれもその事実を理解し重点的に学習して、試験を突破すればよいだけのことなのです。

多くの子どもが苦手なのは「図形」「速さ」そして「場合の数」の3つです。そしてこれらは、大人でもそうそう解ける問題ではないということも共通しています。さらにそれだけではなく、多くの小学生が小学生としての独特の解き方をしてしまうことも共通した特徴です。パッと見て大人がわからないと、これは難しいと思ってしまいがちですが、親が解ける必要はまったくありません。解く必要があるのは子どもたちなので、安心してください。むしろ子どもが解けたとき、心からほめてあげて下さい。

対策の方法は２つあります。ひとつは基礎的な問題を何度も解き、よく理解を深めていくということです。**問題集や塾のテキストの基本問題を完全に自分のものにするまで繰り返すのです。それができてから、発展問題に進みましょう。もうひとつは、それでも理解に苦しむ場合に、その単元のみの問題集を購入して学習**します。しかしこの場合、わが子がどのようなパターンを苦手にしているかを理解し、購入しなければ効果がありません。**親が問題自体を解けなくても構わないのですが、この、似た問題探しをすることには挑戦して下さい。**

「１行問題」[*]は甘くありません。問題用紙の最初にあるので、絶対に落とせないという心理が働きますが、ジャンルが幅広くて思った以上に苦戦します。１行問題を集めて系統立てて編集した問題集を活用してください。しかし、実はこの試験の冒頭問題を解くにあたって重要なことは、**「できる問題からやる」ということなのです。意外にも子どもたちはその要領がつかめていません。**わからない問題は飛ばすということも、それなりに問題を解いた経験がないとわからないものです。

＊「１行問題」…「図形」「速さ」「場合の数」などと同様、出題のジャンルです。

37 受験校の出題の癖と子どもの弱点を親が把握する

受験校の傾向を親が把握するといわれると、ハードルが高いなあと思われるかもしれません。しかし、逆の立場で考えてみて下さい。状況がわからない中で「やってみなさい！」とだけいわれたらどれだけつらいことか。子ども達は日々そのような、本来大人であれば説明を受けるはずのことも、説明なく進むことを余儀なくされているのです。

では親が試験内容の傾向を何をどこまで把握すればよいのか？

傾向というと、各科目内での出題分野と思われてしまいそうですが、そうではなく、志望校側の出題の癖を親が理解するのです。その第一歩としては、過去問の○付けを必ず親御さんが行うことが重要です。これを行うと必ず同じパターンの時に、わが子が間違えるということが見えてきます。

ここまでわかれば大丈夫。なぜわが子は同じようなパターンで間違えるのかを、本人に聞くことができるようになります。どうしてもわからなくて理解に苦しんでいるのか、それとも単にケアレスミスなのか。添付の解説と照らし合わせてみて下さい。この点を親御さんが理解することは、今後の学習の方向性を決める時にもうまく働きます。

また、わが子の間違え方によって出題者の意図も知ることができます。難易度が高くなっていて実力が要求されているのか、それとも単にケアレスミスを誘発させられているのかがわかります。問題の分野のより深い理解が求められているのであれば、その単元を集中的に学ぶ必要が出てきます。逆にケアレスミスであるならば、次からはひっかからないように注意すればよいのです。そしてそのポイントもわかるというものです。

塾の先生顔負けに、親が指導できる必要は決してありません。しかし**今現在、わが子が何に苦戦しているのかは把握してあげてほしいのです。**逆に塾の先生に、ここまで個別的なことを望むというのにも無理があります。一緒にいる親だからこそできることです。

子ども達にとって最大の味方は親以外にあり得ません。子どもと一緒に受験にあたる気概を持っていただきたいとお願いしたいのです。

38 子どもの弱点を知ろう

子ども自身の弱点を知らなければ対策が立てられず、克服することはできません。弱点を洗い出すには「模試」「テキスト」「過去問」を積極的に活用しましょう。どの媒体からも、なぜできなかったのかを分析していくことが重要です。

模試においては6年生の夏の前と後とで対策が異なります。別項でも述べていますが、6年生の春までに行われている模試は、範囲が事前に知らされています。夏以降は総括的な内容の模試となっています。ですから、6年生の春までの模試でできないところがあった場合、あらかじめ勉強してから受けたのかどうかで、対策は異なります。あらかじめ自宅で学習して受けたにもかかわらず不正解であったのであれば弱点と判断してよいと思いますが、まったく学習せずに受けてできないのであれば、まず学習するところから始める必要があります。

テキストでできないところがある場合は、理解の不足といえますから弱点と判定します。対策は復習中心の学習となり、一体どの点からわからなくなるのか、親子で話し合う必要があります。この時、親が問題を説明できなくてまったくかまわないのです。あくまでどの点で子どもがわからないのかを、子ども自身で整理することが目的です。今後学習を進めていくにあたり、ただ「わからない」で終わらせるのではなく、自分がどこでわからなくなるのかを自己分析する必要があるのです。これができるようになると、塾の先生等に教えてもらう際の質問が的確となり、勉強の効率がグンと上がるようになります。

過去問は全範囲からの出題になるので、６年生の夏以降に解けない場合は弱点と判断します。**弱点を洗い出すことができれば、半分以上の学習の過程を過ぎたと思ってよい**と思います。あとはその問題、単元を繰り返し復習し理解を深め、自分のものにします。ただし、**弱点は絶えず刻々と変化するもの、洗い出しは模試ごと、過去問ごと、テストでは間違えたごとに行うのが効果的**です。試験直前になって弱点が洗い出されることもあります。そんな時もがっかりせずに、弱点がわかってよかった、覚え切ってしまおう！　と前向きにとらえてほしいと思います。弱点が克服されれば、ジグソーパズルが埋まるように、完成形に近づくわけですから。

39

意外にも中学受験の分野・項目はたったこれだけ

中学受験の勉強は、どんな内容で範囲はどこからどこまでなのか？　そういったことを把握せずに対策は立てられません。まずは親が全体像をつかんだ上でこそ、采配を振ることができるというものです。実は受験用の問題集や参考書の目次が、小学生に要求される学習内容のすべての単元を表しています。よく、書店で販売している過去問の巻頭にある記事の部分にコンパクトにまとまっています。これは、どの出版社の過去問においても、またどの学校の過去問においても共通している記載方法と内容であり、いかに学習内容には総量が決まっているのかがわかります。以下に理科の例を記載します。

生物と環境

- **動物―環境・分類、しくみ・成長**
- **人体―しくみ・働き**

物質とエネルギー
- **物質と変化**―気体、水溶液、溶解、金属、燃焼
- **運動とエネルギー**―力、浮力・密度、光・レンズ、熱、音、電気、磁石

地球と宇宙
- **天体**―天体の動き
- **気象**―風・雲・天候、気温・地温・水温・湿度
- **地形**―流水、火山・岩石・地層

これが小学生の理科のすべてです。すべての受験問題は、上記のいずれかまたはその組み合わせで出題されています。眺めてみればたったこれだけの範囲です。渡された塾の問題集や過去問の厚さを見ただけでたじろいでしまいそうですが、実際の範囲はこの程度です。手を変え品を変え、これらが出題されているだけなのです。

他の科目も同様です。子ども達ができない単元を把握し、基礎からその単元を復習することを、親が伝えられるようになることが、子ども達に寄り添って受験に挑む第一歩です。そして必ずどんな問題であってもこの分類に属しているので、攻略法があるということです。つまり決して雲をつかむような、想像できない問題が出題されているのではないということです。この仕組みを理解できれば、受験は難攻不落の城ということはありません。

40 得意な科目は何か？

「得意」とは「できる」ことではありますが、注意深く見極めることが肝心です。模試で点数がよければ、親であれば誰しも手放しで喜びたいのが人情です。わかります、その気持ち。しかし、少々厳しい言い方ですが、6年生の夏までの模試で少々できたところがあっても、それは直前に行われた講義の内容を把握していたに過ぎず、「得意」と断言するのは早合点というものなのです。また、解けたのはその1単元に過ぎないにもかかわらず、あたかもその科目自体が得意なのだという錯覚に陥るのも親心です。気持ちはわかりますが、ここは落ち着いて見守って行きましょう。

「得意」の定義は次のようなことです。

単元としての得意・何度でもいつ出題されても正解する
・テキストの発展問題までよく解ける

科目としての得意・本人が率先して学習する
・常に点数がよい

「好きこそものの上手なれ」とはよくいったもので、何事も自分から進んでできることは得意なことといえると思います。進んで行う科目があるならば、本人にどうして好きなのかを聞いて下さい。その本人から出た「好き」の理由は、是非覚えておき、先々苦手に変わってしまうようであればその台詞を本人に伝えることで、もう一度初心に戻ってもらうきっかけになるかもしれません。

ただ、誤解してほしくない点が２つあります。ひとつは、教わらなくてもできる場合です。**偶然にできたとしても、それを実力と判断して差しつかえないのですが、「得意」とはいえないのです。同じ単元で、もっと難解な問題であっても解けるならば、「得意」**といえます。

２つ目は、過去の栄光にすがることをやめてほしいのです。**「小３の時は算数が得意だったから今も得意」ということにはなりません。現実を直視して下さい。**

しかし、得意科目がなくても何も心配する必要はありません。最終的に解けるようになればよいだけのことです。

41 親が難しい問題を教える必要はまったくなし

「私には教えられない」「難しい問題は解けない」という親御さんの気持ち、それは当たり前だと思います。実は解ける必要もまったくなければ、教えることができなくてもよいのです。例えば算数の「場合の数（確率）」などは、大人にとっても難解です。勉強の主役はあくまで子どもたちであって親ではないのです。心配する必要はありません。しかし、親である自分が解けないと子どもに対して躊躇してしまう場合もあるかと思います。そういう時は、子どもができたことに対して心からほめてあげることができる！　と開き直ってしまうくらいでちょうどよいのです。

では、一体誰が教えるのか？　9割方は子ども自身が学び気づき、残りの1割というか、どうしてもわからないところだけを塾で教わるか、何らかの手段で教われることができれば大丈夫です。算数はひらめきではなく、こと中学受験においては暗記です。もちろん理科も社会も暗記です。本書の冒頭から述べていますが、中学受験においては頭に入れるべき知識の総量はほぼ決まっているのです。これをどれだけ覚えることができたかを試されるのです。

勉強とは誰かから教わることではなく、そのほとんどはひとりで学習することです。教わる場合は、どうしても理解できない所を、手助けしてもらえる程度で充分なのです。手助けを受けた場合も暗記です。**解き方の手順を暗記するのです。この手助けをするのが、塾でいえば講師の先生であり、問題集であれば解説書になります。**解説を読んで自分で理解できるようになれば鬼に金棒です。学習のペースは驚くほど速くなり、効率もよくなります。

誰かが何かをしてくれればできるようになるという感覚を、子どもも親も捨てる必要があるのです。これも中学受験をすることでの学びであり、気づきです。

繰り返しになりますが、親が問題を解ける必要はありません。

42 暗記には二種類ある

暗記には2種類の暗記があります。単純に物事を覚えるいわゆる棒暗記と、解き方を暗記する方法の2つです。中学受験においては、算数や理科の計算問題、国語の文章題は後者で、その他は単に棒暗記です。この違いを理解しておくと、学習方法に格段に変化が生まれます。

棒暗記は単純に記憶することなので、反復学習をすることは必要ですが、試験直前までその暗記に時間を費やすことも可能です。試験前にたまたま見た漢字が出題された、といったことがそれです。ですから移動中やトイレなど、一寸した時間を棒暗記にあてることができます。

解き方の暗記とは、解法を覚えて、似たような問題が出題された時にも解くことができるようになる暗記です。自転車に乗れるのと同じように、自分のものにしてしまえば類題で復習しておく程度で充分です。一度覚えた解き方は、多少時間を経てからでも類題が出た時に子どもは解くことができるので、自信を持つきっかけにもなります。解き方を暗記するには、問題集や過去問、模試の解説を子どもにしっかり読ませましょう。解説は親のためではないのです。「読書百遍、意自ずから通ず」は本当で、ほとんどの問題は解説を読むことの繰り返しでできるようになってきます。もちろん一朝一夕ではありませんが、できなかった問題の中でも比較的簡単な基礎的な問題の解説を読むことから始めて、解説を読み込む習慣ができれば、効果を実感できると思います。

学習とは受け身ではなく、自分から行動することだという気づきが成績アップにつながります。本人的にもできるという自信が持てるようになります。できるという自信は、学習意欲を加速度的に高めます。

ただ勉強しなさいというだけでなく、子どもの調子をみながら棒暗記と解き方の暗記を使い分けて学習すると、非常に効果的に学習を進めることができます。

43 書店に足を運び問題集を選ぶ

塾のテキストだけでは理解が深まらない。もう少し繰り返さないと身に付かないという時には、書店で販売している問題集を購入します。必要な単元だけの薄い問題集が売っています。塾にどっぷりと浸かってしまうと、書店の問題集に目がいかない、あるいは興味を持てないといったこともあるようですが、思いのほか種類も豊富で内容もさまざまです。是非実際に手に取り、問題の内容や雰囲気を見て下さい。具体的には、**わが子が気持ちよく手に取ってくれる体裁かどうか、問題の量は子どもに合っているか、今までやってきた問題と似たような質問形式かどうか**などを見ます。

もちろん、これらを比較検討して購入するのは、それなりに大きな書店でなければできません。少し足をのばしてでも、品揃えの充実した大きな書店でどうか選んで下さい。

ネットで購入することはこればかりはお勧めできませんので、実際に見てほしいと思います。一昔前は良い書店が多くありました。学習参考書に強いという書店もあったのですが、残念ながら現在は減っています。何軒かまわるつもりで出掛けて下さい。

意外な所では、よくまとまったポケットサイズの参考書兼問題集もお勧めです。数社から出ています。塾のテキストばかりを見ていると、このようなタイプの本にますます縁遠くなるようです。外出の際や模試、実際の試験時に携帯用として使うのに大変便利です。重要な項目がまとまっているだけでなく、赤いシートをのせると消えた状態になり暗記に適した教材となっていますので、暗記の仕上げに使うと有効です。間違えた問題には「正」の字を付けておき、できない所がないように仕上げたいものです。

子どもと一緒に書店に行くのもよいかと思います。たとえ一緒でなくても、**わざわざ出掛けて買って来たという事実を、子どもたちにしっかり伝えて下さい。**親の愛情がこもった問題集なのだということを理解させて下さい。それをしなければ、ただ単に勉強にうるさい親で終わってしまいます。なぜ親がここまでするのか。自分を愛してくれているからだと子ども自身が理解することで、益々中学受験は実りあるものとなるはずです。

「学習予定表」の作り方

44 中学受験は親子で取り組むプロジェクト

受験とは期日の決まったプロジェクトだと考えましょう。そうすると、親としてはとても腑に落ちた形で行動ができると思います。そのプロジェクトには、子ども本人はもちろんのこと、できるだけ家族全員が参加協力します。この、子どもを中心に家族が一丸となって臨むことが、中学受験の醍醐味なのです。

そしてそれがプロジェクトであるからには、当然ながら計画が必要です。しかしこの**計画を立てる部分を「わからない」「安心できる」「みんながそうしている」等の理由で、何となく塾任せにしてはいけません。**大事なわが子のことです。親が責任を持ち、人任せにしないことが重要です。計画を立てるには、次のように考えていきます。

是非、子どもも交えて一緒に考えてみて下さい。受験に限らず、大きな目標に向けて計画を立てるということは、子どもたちにとって初めてのことです。たたき台は親が作ると

●話し合って計画を立てる

成績の現状を把握する

↓

成績の到達目標を決定する

↓

対策とその内容を考える

↓

実際に行う日程を割り出す

しても、計画を作るというプロセスが、家族の話し合いの場であり、コミュニケーションの場でもあり、その結果、家族が一丸となることができ、愛情を育むこともできる手段として重要であると私は考えています。

それだけでなく、このように**計画を立ててことにあたるという体験が、当事者である子どもたちにとっても今後の人生の大きな糧になります。何かを成し遂げようとする時には、順序立てて計画を立てるということが、中学受験に限らず、今後必要となる場面もある**からです。こうして立てた受験への計画は、**家族で話し合って決めたことであるからこそ、実行する価値があり、意味がある**のです。

次項から、実際の計画の立て方と立てた計画の活用法の詳細を説明します。

45 〝視覚支援〟がキモ！実際の計画の立て方

今、学習進度がどんな状況にあるのか？　今何をすべき時なのか？　親が頭の中でわかっているつもりでも、なかなか整理して計画を立てて実行することは難しいかと思います。**計画や予定、課題は紙に書き出してみることが重要です。そしてさらに、これを目につくリビングの壁に貼るなどして、常に親子で状況を把握し共有しておきましょう。**

リビングに貼ることには、意外なメリットもあります。状況の把握共有だけでなく、どんな時も今は受験中なんだという自覚を、家族全員が持つことができます。これはとても大事なことで、ついつい家族全員で遊び呆けてしまった時にも、襟を正すことができます。特に本人はどうしても忘れがちになるので、常に〝見える場所〟を選んで下さい。

壁に貼るというと、暗記するための公式や暗記ものの類をイメージされるかと思いますが、貼り出すのはそれらではありません。受験日までの全体的なスケジュールから、日々

●6つの表を作る

1. 試験当日までのスケジュール
2. 今後の課題一覧
3. 今後の対策
4. 日めくり予定表
5. ファイナルリスト
6. ファイナルチェックシート

の細かい学習内容までの、**受験期の時間軸と内容をトータルで把握する行程表を作って壁に貼る**のです。具体的には、６つの表を作り、全体から細部まで落とし込んでいきます。

受験までの全体像として「試験当日までのスケジュール」（124ページ）、今現在学習で課題となっている項目を記載する「今後の課題一覧」（126ページ）、この課題を克服するための「今後の対策」（129ページ）、そしてこれをふまえ毎日の学習の内容を決定する「日めくり予定表」（132ページ）と、どんどん細部まで落とし込んで行く計画表を作り、これらを貼るのです。受験の直前には「ファイナルリスト」（179ページ）と「ファイナルチェックシート」（180ページ）という表も作り、詰めていきます。

一見、大変なことと思われるかもしれませんが、当初は全体像がつかめればよいので、まずはざっくりと作ってみて下さい。受験が近付いて来れば、自然とその内容は細かいものへと移行して行きます。つまり時期が迫ることによって、徐々にブラッシュアップされていく感覚です。

大きな日程的な流れから、実際に日々行う学習予定までを、最終的にいかに落とし込んで計画を立てられるかが、受験勉強自体を制する核心部分だと私は考えています。これらの作り方は次項以降で順に説明します。

46 受験日までのスケジュール

子ども達の夏休みの宿題をスムーズにこなすためには計画が必要であるように、受験であればなおさら万全なスケジュールを組んで挑みたいものです。これを塾に任せきりにしてはいけません。スケジュールを立てる期間は、**6年生の夏以降から試験当日までが必須**です。**スケジュールは逆算で立てることが鉄則です。**試験日は延期はできませんから、間に合わなかった、という訳には絶対にいきません。スケジュールの例を挙げてみましょう。

本番から逆に逆にと作って行きます。しかしながら決して厳密な日程の必要はありません。大まかでよいのですが、これがあるのとないのとでは大違いです。大事なことは、流れを理解しながら学習を進めることです。期日までに間に合うかどうかをいつも頭で考えていれば、ペースを上げるべきなのか、現状のペースでよいのか見えてくると思います。もちろん、これは子どもたち自身でできる内容ではありません。親のリードで行って下さい。

図1　6年生の夏から試験当日までのスケジュール（例）

試験日から
逆に逆にと
作っていく

2／1～　〈本試験スタート〉

↑

1／15　〈総復習の期間〉

↑

1／10　〈1月校受験、その結果から苦手分野・
問題の洗い出し、学習内容選定〉

↑

1／4　〈1月校試験対策、1月校の過去問で仕上げ〉

↑

12／中旬　〈リストアップされた内容の総復習、
暗記もの継続〉

↑

12／初旬　〈最後の模試の結果から苦手分野洗い出し、
暗記もの継続〉

↑

8～11月　〈模試から苦手分野の洗い出し⇔
その復習、暗記もの継続〉

↑

7月　〈漢字、熟語などその他暗記の計画立て〉

47 「今後の課題一覧」を作る

前の項目で書きました通り、弱点を知り、その苦手分野単元を課題と位置付け、学習に取り組んで行きます。**「過去問」「模試」「塾のテキスト」等から弱点を洗い出します。これを一覧表にまとめると、あと何をどれだけ学習すれば良いのかが把握できます。**これを手掛かりにして、最終的な入試日までの学習予定を立てます。以下は実際にわが子が6年生の冬、12月27日に書いた「今後の課題」です。

分野項目の列挙と共に、**「特に弱い所」としてマーカー**をしたりしてまとめます。こうすることで、**項目別に課題の重要度、つまり苦手度がより鮮明に**なります。

ちなみに、わが子の場合、社会と国語の記載がありません。社会は単純に暗記が分かれ道と分かっていたので、とにかくテキストとチェック式問題集の暗記に取り組んでいたので記載なし。国語は読解用の問題集を当時継続して行っており、具体的な弱点の記載はしませんでした。見てわかるように、12月27日という年末の押し迫った時期にもかかわらず、この弱点の範囲と量。なかなか問題山積という感じは否めません。このでき上がった一覧表は、壁に貼って常に見えるようにしておきます。そして弱点が新たに見つかったり、克服して弱点ではなくなったりして内容が変わる場合には、どんどん書き換えて行きます。

例　今後の課題一覧　12月27日

算数

・場合の数、1行問題
・図形（平面、立体）
・濃度
・速さと比、周期
・植木、旅人、時計

特に弱い所：鉄橋、場合の数、**面積**、**仕事**、**速さ**、**角度**、**平面図形の点の移動**、**周期**、**相似**、**規則性**、**植木**、**鶴亀**

理科

・化学：燃焼の条件、ろうそくの炎
・生物：人体、昆虫、植物、めだか、顕微鏡の操作
・地学：太陽、風、四季の天気、湿度、星の動き
・物理：ばね、浮力、運動、電流、電熱線、電磁力、音、光、水の三態

特に弱い所：**温度による体積の変化**、**てこ**、物の燃え方、**水の温まり方**、**星**

48

でき上がった「今後の課題一覧」の対策を考える

でき上がった「今後の課題一覧」の各項目に対して、どのような対策を講じて学習するかは、とても重要です。ちなみにわが子が実際に行った12月27日の対策は次の通りです。

このように、**苦手単元に関して何をどれだけ学べばよいのかを見極めて記載していきます。**これも親の腕の見せ所なのですが、なかなか難しい場合には、子ども本人に聞いてみるのも一つの手です。ここまで学習が進んで来れば、本人も何をどれ位やればよいのか見えてきていると思います。もちろん子ども自身で見えていなくてもガッカリせず、この場合も塾の先生を是非活用して下さい。でき上がった「今後の課題」とテキスト問題集を持参して、どのように学習を進めていけばよいのか聞くのです。**プロの意見はこの時期やはり重要**です。もっと他の方法を教えて頂けることもあるかと思います。**親の真剣な姿勢が塾の先生をも本気にさせます。躊躇している場合ではないのです。**

例　今後の対策　12月27日

算数

・場合の数、偉業問題➡○○問題集「数の問題編」で対策Q

・図形（平面、立体）➡○○問題集で対策

・濃度➡○○問題集で対策

・速さと比、周期➡○○問題集で対策

・植木、旅人、時計➡○○問題集で対策

特に弱い箇所は、塾のテキストをやり直す。

➡見直しを行い基礎から理解へ

理科

・化学、生物、地学：弱点分野を○○問題集を完全暗記まで

・人体：小5の塾のテキストをやり直す

・物理：○○問題集を行う、苦手分野は○○問題集2冊から選び対応する

そしてこの**「今後の対策」も、「今後の課題」同様、苦手分野が新たに出現した場合や、克服して不要になった場合など、その都度どんどん書き換えて行きます。**その書き換えのペースは、出現と克服の度合によるので、場合によっては2、3日おきということもあります。

そして、この「今後の対策」から日々何をどれだけ学習していくかを決めるのが、次項の「日めくり予定表」になります。いよいよメソッドは最終段階に入ります。

49 「日めくり予定表」とは

「今後の対策」まででき上がったら、それを日々どのようにこなして行くか、予定を立てます。これが、「日々の学習予定表」です。いうなれば「日めくり」です。「日めくり」とは毎日めくって捨てるカレンダーのようなものです。つまりその日その日の学習予定を立てるのです。学習予定を子ども任せにすると、どうしてもトータルのスケジュールが立てられなかったり、時間を無駄に過ごしてしまったりしがちです。大人でもそうだと思いますが、漫然と大きな目標を掲げられるよりも、今日はこれだけはやろうというゴールの見える小さな目標の方が頑張れると思いませんか。「今日はこれをやったら終わり」といわれたら、なんだか解放感さえありませんか？　**「日めくり予定表」とは、なんとか子ども達にやる気を持って、最後までやり通してほしい、そのための仕組みなのです。**

まずは実際の「日めくり予定表」を見て下さい。

例　日めくり予定表
1月15日（水）
□　理科：塾のテキスト付箋のところ
□　算数：立体○○問題集付箋のところ
□　理科：○○問題集付箋のところ
□　社会：○○問題集の暗記
□　算数：塾のテキスト付箋のところ
□
□

この様な用紙をＡ４の４分の１の大きさで、メモのように作ります。もちろん手書きでかまいません。小さい紙にする理由は、あまりダラダラと書き込まないようにするためです。項目の前に四角があるのは、終わったらチェックを入れるためです。書き込める項目数は、この例のように７つ位が妥当です。やる気をそがないためです。時間的にも、これ以上数を増やしたところでこなせないでしょう。

では次に、書き込んで実際の予定を書き込む予定表の作り方と、作る際の工夫をお伝えします。

実際の「日めくり予定表」

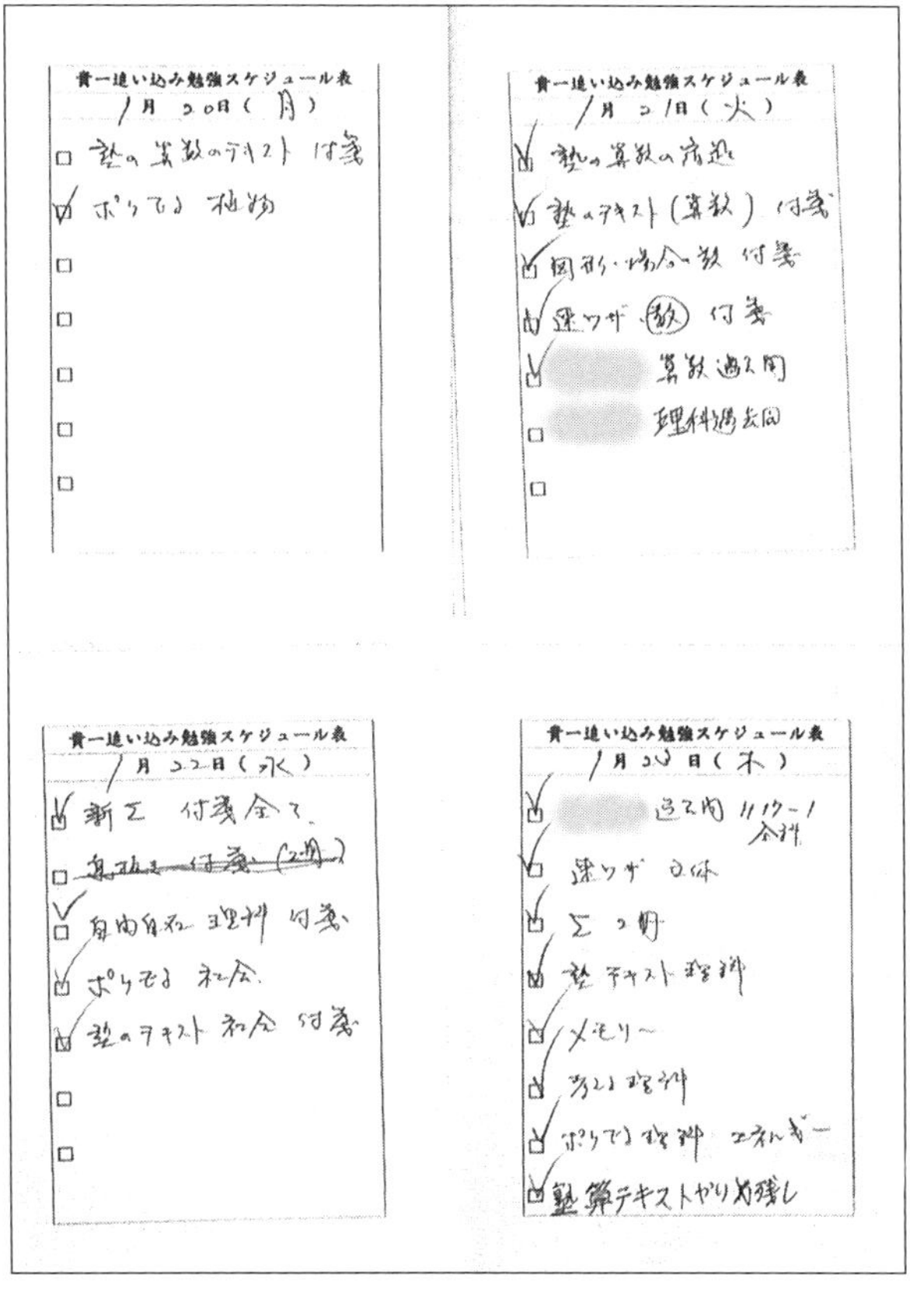

50

「日めくり予定表」の作り方

いつ作るか？

この「日めくり予定表」は、前日の夜に作るのがベストです。前日に終わらなかった項目を考慮して終わらなかったものをすぐ次の日に組み込めるからです。1週間などの予定では、間に合わなかった場合、予定がずれ込んでしまい、しわ寄せが後半に来てしまいます。そうならないように、1日1日確実にこなして行きたいのです。また、前日の夜にできていれば、翌朝起きたらすぐに取り掛かることができることも理由のひとつです。

学習内容を決める

学習内容を決める際には以前作った「今後の対策」を見て、そこから選びます。「今後の対策」の項目は多くても20項目もないかと思います。もちろんその他にやるべきことができた場合は、どんどん加筆改変します。また、わが子が苦手としている分野、項目、時間が掛かりそうな分野、項目を把握し、「今後の対策」の中では優先順位も意識してほしいと思います。

内容の順番を工夫する

順番には工夫が必要です。学習するのがあまりにも大変な内容が連続で続くことは、大人であっても辛いと思います。子ども達ならなおのことです。**大変だった内容の後には、軽い内容や、暗記ものなどを織り交ぜ、緩急を付けて順番を組んで下さい。同じ科目の連続ではない**ことも緩急の一つです。前項の実例で、科目がバラバラに並んでいるのはそのためです。また、緩急というだけでなく、同じ科目を続けない理由は他にもあります。同じ科目だけでその日が終わってしまうと、翌日にはまた全く別の科目をやるため短期記憶となってしまい、結局は忘れてしまう要因にもなります。

項目の数を決める

最初に設定した項目すべてが当日に終わらなかった場合は、残りを翌日にまわします。**日々書き換えるこの方式だと、子どものペースがつかめ、1日にこなせる量を親が把握できるようになります。**目安としては1時間で1項目程度だと思います。つまり、6項目前後。勿論簡単な項目であれば増やしてもよいと思います。休みの日は、もちろん項目が多くなると思います。

必ず守るルール

その日設定したすべての項目が終わったら、それ以降は自由時間にする約束を子どもとして下さい。つまり、**「日めくり予定表」の項目が終われば、その日の勉強は終わりというルールを作る**のです。これは非常に重要です。早く終わったからといって項目を追加してては絶対にいけません。そもそも受験はゴールのないマラソンの様相を呈していて、子ども達は日々辟易しているのです。ですから、ゴールが目先に見えていれば、あともう一歩だと頑張れるのです。終わったのにまた追加されては、結局終わらない方が楽だということになってしまいます。やる気を持って臨んでもらうために必要な約束です。

作り方で最も重要なこと

「日めくり予定表」の項目が終わってしまったら、本当に自由時間にします。ゲームでもテレビでも、携帯電話でも何か食べるでも寝るでも、自由です。**お互いに決めたルールは守る姿勢も重要**です。しかしこの自由時間は、頑張って頑張った先にあるものでなければなりません。ですから項目の数も、その内容も、頑張ってなんとか一日で終われるか終われないかの、絶妙なさじ加減が必要なのです。これが最も重要です。最初の頃は恐らく、その出題の量も内容も、多過ぎたり少なすぎたりすると思います。多過ぎてやる気を削いでは何にもなりません。夜10時半から11時位に丁度終わるか終わらないかの量を設定することが肝心です。この紙面上で、急に学習量の絶妙な設定が重要といわれても、自信が持てないのは当たり前です。最初の何日かは思考錯誤しますから、自由時間ができてしまうものです。私も何度となく「失敗した…」と思うことがあったからこそ、子どものペースがつかめていったのです。分量が多過ぎたら翌日は減らして試せばよい、という**手探り感覚で設定する気持ちで十分**です。だからこそ日々設定することに意味があるのです。そして**日々こなす習慣が身に付くことで、少しずつ背伸びする予定を設定し、内容も量もラストスパートに向け濃くなっていく**ように持って行ってほしいのです。いよいよ親子の二人三脚、ここに極まるという感じです。

第3章

合否の分かれ目は生活の中に

51

早寝早起き、朝食、生活リズム

効率よく学習するには生活のリズムは欠かせません。早起きといっても早朝5時に起きるなどといっているのではなく、充分な余裕を持って朝食と排便をすませて、学校に向かえる時間に起きる習慣、ということです。もちろん、早起きしてひと勉強してから学校に向かえるのであれば、そんな素晴らしいことはありませんが、そこまでできなくて充分ですのでご安心を。

まず、毎日の起床時間を決めましょう。子どもたちは本来元気ですから、朝は起きれるものなのです。そうできないのは就寝時間が遅いからであって、子どもがルーズという訳ではありません。そして毎日その時間に起き、適度に朝食を摂りましょう。山盛り食べる必要はありません。そして朝食を食べれば、自然に便意をもよおすのでトイレを済ませて学校に向かいましょう。

朝ご飯を食べないと便意をもよおさないので、ダブルで健康に悪いことになります。朝は本来排泄に適した時間です。朝食欲がわかないのは、ひとつには体がまだ目覚めていないこと、次にお腹が減っていないことが考えられます。就寝前の夜食はやめましょう。夜食は本来の肉体のリズムを崩します。子どもたちは成長期でもあるのです。しっかりとした肉体を作る必要があります。成長ホルモンは午後10時から深夜2時に出るといわれます。朝早起きすると当然夜は眠くなりますので、生活のリズムは整います。小学校4、5年生では、まだ受験には余裕があります。そんな時に夜11時半を超える時間までの学習は本当に必要でしょうか。**6年生であっても夜11時には寝るようにしましょう。**実際の入学試験は必ず朝にあります。ギリギリになってから朝型に変えるのは本人も家族も大変ですし、結果朝型に切り替えられなかった場合、試験当日に本来の実力を発揮できません。**試験日は1日限りではなく連投が想定されます。その試験期間を乗り切るためには確実に朝型に**なっていてほしいのです。また、夜遅くまでの勉強は効率が落ちます。ダラダラ勉強ではなく、集中して効率よく勉強する習慣が大事です。

受験をきっかけに生活習慣も見直せるなんて、一挙何得かわかりません。

52 受験勉強もリビングで

子ども部屋があるご家庭も多いと思いますが、**勉強については必ずリビングで行ってほしいのです。子ども部屋での学習は、この中学受験本番が押し迫った状況の中で、吉となることはありません。**サボらず手を抜かず集中して進めていかなければなりません。

子ども部屋にはさまざまな誘惑が存在します。それらに打ち勝って勉強を進めることは至難の業です。また、一人で部屋にいては、携帯電話をいじっていることも、さらには寝てしまっていることにも気づくことができません。

勉強の進み具合を親が把握できるようにする意味もありますし、わからなくて困っていないかどうかや、体調の把握もできます。また、親子のコミュニケーションも必然的にとりやすくなり、子どもたちに寄り添うこともできます。子どもがストレスを溜め込んでいないかどうかにも気づくことができます。

当然ですが集中の阻害になるので、テレビは消すことになります。自室で勉強していても、家族や兄弟がテレビを見て談笑しているのが聞こえたら頑張れるはずがありません。リビングで一緒に勉強していれば電源を入れることはありません。今の時代、ほしい情報はインターネットや携帯電話で入手できますし、どうしても大人が見たいものがあるのであれば録画して、子どもが寝てから鑑賞するなどしてほしいものです。限られた受験期間だけのことですから。兄弟がいても我慢です。受験生のために、家族が皆協力して見守っている、真剣に向き合っているということを共有してほしいのです。

朝の時間、テレビを時計代わりにするご家庭もあるかと思いますが、当然不要です。**やってみるとわかりますが、テレビを見ないでいると朝のバタバタがなくなります。**食事もダラダラ食べにならずにすみます。夜は子どもが勉強をする時間はもちろんのこと、親も自分の時間を持つことができます。子どもも大人もテレビを見たい欲求に駆られるのは最初だけです。習慣になってしまえばこれ以上ない効率の良さだと気づかされます。

家族一丸となって、ひとつの目標に向かって協力する。これこそが受験期の過ごし方です。

53 挨拶、感謝

挨拶も感謝も本来親から教わるものでも、ましてや学校で教わるものでもないとはいえ、やはり今のこの世知がらい時代、あえて教えていく必要があると思います。というのも挨拶ができない子どもが大変目立ちます。「おはようございます」「こんにちは」「さようなら」「ありがとうございます」いずれも小学生高学年であれば、適切なタイミングでいえて当然です。挨拶がきちっとできるというのは、ケジメがあるということです。遊ぶときと勉強をするときの区別、朝しっかり起きる、学校に行く、手を洗う、食べたら歯を磨く。挨拶は自分の置かれている状況を把握していないとできないので、身につけば自然と自覚のある子どもになっていきます。周囲に対して気を配ることができるようになってきます。

また、「いただきます」「ごちそうさまでした」と食事のときにいう習慣も非常に大事です。「食べ物」の語源は「賜いもの」、つまり天からの恵みなのだそうです。それをいただくという感謝の気持ちの表現です。子どもたちが食べるご飯は自動的に出ているわけではありません。家族の誰かが得た収入で材料を買い、さらにそれを調理してくれた家族がいて、そしてそれが終われば片づけをもしてもらっているという事実を子どもが自覚していたら、いわずにはいられないはずです。洋服にしても、買ってもらって、洗濯してもらっているということを忘れています。生活のすべてにおいて、何一つ自分一人だけで成り立っているのではないということをしっかりと学び感謝する姿勢が大事です。

受験という観点から考えても、挨拶と感謝の気持ちの表現は重要です。**学校側の立場からも考えてみて下さい。挨拶もまともにできないような子どもに入学してほしいでしょうか？**　女子校であろうと、男子校であろうと同じことです。私立中学には建学の精神があり、校風があり、合格した生徒たちは制服を来て通学し、その学校の伝統を紡いでいく存在となるのです。それを乱すような子どもに入学してほしいはずがないのです。

礼節を身に付けることは、その子の人生にとっても大変重要です。最近ではまともに挨拶ができない大人も珍しくありません。勉強だけでなくこの点も学べることも、中学受験のよさのひとつだと思います。

54 いわれてからやるのでも充分合格

勉強を率先してやれる子であれば、そもそも親が本書を読む必要はありません。ほとんどの子ども達は勉強なんてできればしたくないと思っていて当然だと思います。

そんな中で「いわれる前にやりなさい」は常套句ではあるものの、その一言で子どもが変わったなどと聞いたことがありません。怒り口調になるしかない台詞なのに、効果が期待できないのではこれはもう最悪です。

大人は大方受験というもののアウトラインがわかっています。そして何らかの形で、合否の結果という事実をすでに体験しています。しかし**小学生の子ども達にとってはすべてが初めての体験。人生の一つの経験として受験を位置づけて、その方法を教えてあげるつもりで接するとよいと思います。**何かスポーツや趣味的なものなどでも、誰しもいきなりはできません。やり方を教わりルールも順に教わって、慣れるところまで来て初めて自分のものとなります。ただできるだけでなく、上手になりたいと思ったらその上に練習も必要です。なんら勉強と変わりありません。

子ども達にとっては初めての試験勉強。**一定期間をかけて勉強し、試験の日までその内容を覚えておく。どのように進めてよいのか、子ども自身でわかるはずもありません。こんなことは日常的にあることではありません。**そこで親や塾の先生などのいわゆる大人が、その方法をアドバイスするわけです。そして子ども達は、そのアドバイスにしたがったり、時に反抗したりしながら、その学習効果をじわりじわりと体感していくのです。何事も新しいことは急に身に付くということはありません。階段を一歩一歩あがるように理解していきます。**繰り返し繰り返し方法を伝える必要があります。**

受験勉強は、技術を修得することと同じです。そしてそれだけでなく結果も伴う必要がありります。期間限定での学びの修得と位置付け、今何をどうすればよいのか、的確に指示してあげましょう。これを行うには、親自身も子どもの状況を理解していなければなりません。まさに二人三脚、三人四脚。子どもと一体になって乗り切ってほしいと思います。

55 日頃の会話にひと工夫を

別項でも述べていますが、中学受験の内容は、基本的に「読み書きそろばん」だといえます。社会で生きる上で、基礎になる学力を身に付ける絶好のチャンスなのです。その中で**「読み書き」の部分に関しては、いかに大人の会話を理解できるかが重要な部分を占める**と思います。大人なら誰でもわかる単語や熟語であるのに、子ども達の会話には出てこない。大人から見て歯痒いところを受験では突いてくるからこそ、「なんで間違えるの！」と角がはえるわけです。この「角がはえる」も子ども達はわかるかどうか。

つまり国語においては語彙が問われているのです。それゆえ、「本を読め」と安直にいうことも多いかと思いますが、知らない単語や述語が出て来る本を読まされたところで、意味が自然にわかるなどということはありません。わからない言葉をパッと辞書で引くということも現実問題不可能です。であるならば、**親子間の会話に知らない単語や述語を織**

り交ぜることで、コミュニケーションも兼ねて一挙両得になるといえます。

慣用句も混ぜて会話することもできます。「それは、雲をつかむような話しだねぇ。どういう意味？」と言ってみたり、「それは猿も木から落ちるだね。他にどんな言い方があったっけ？」などと子どもに質問をぶつけます。わかっていないようであれば、説明してあげてください。通常の会話であればここで終わってしまいますが、そこは受験中。「また後で聞くから」と一言付け加えて下さい。そして実際に忘れた頃に聞いて下さい。同日の遅い時間でかまいません。これを繰り返すことで会話も充実し、語彙も増えます。覚えていなければ何度でも繰り返します。**これこそ本来の学びの姿なのですが、核家族化や鍵っ子といわれるように、現代は大人との会話が子ども達に不足しています。**

もちろん正解した時にはほめてあげて下さい。こういった会話に慣れると、会話の質も向上します。期せずして語彙を増やす、そして親子の会話のきっかけにもなる。これも中学受験の醍醐味のひとつだと思います。

56

貼る

覚えにくい単語や暗記ものなどもそうですが、とても重要なことは大きい字で紙にマジックで記入し、リビングやトイレの壁に貼っておくことをお勧めします。具体的な内容としては、

・忘れやすい公式の類
・どうしても覚えにくい漢字、四字熟語、年号など暗記モノ
・生活習慣の諸注意
・学習への取り組み方について
・学習計画日程表（2章で解説したもの）

などです。

公式や漢字、暗記モノなどは一般的にイメージできると思います。生活習慣の諸注意も「早起きする」「間食しない」などわかりやすい内容かと思います。必要のある場合とそうでない場合もあるかと思います。

重要な事項はこの次です。**学習にあたり、核となる状態、行動を書きます。いつもブレがないように注意を喚起するためです。**子どもはどうしても目先のことに目が行きがちです。忘れてはいけない最も重要な、まさに標語を貼っておきたいのです。学習への取り組み方では、**「この問題はやったことがあるのでできます、という状態にする」**（2章-32参照）、**「ゴールは付箋がなくなること」**（2章-29参照）、**「算数で悩んだら、早目に解説を読む」**（2章-41参照）**などが実際にわが家で貼った内容です。**

「学習計画予定表」は、すでに述べた「弱点」が発見される度に書き換えて、日々（または2，3日おきに）更新していくようにして下さい。この「学習計画予定表」の更新に慣れてくると、4章で解説する「直前でのチェックリスト」作成がスムーズにできるようになります。

57 食事について①
食事を制する者が、受験を制する

私は歯科医師として、一万人以上の人の口の中を見てきました。口の中はその人の生活の縮図です。口の中がルーズでありながら、きちっとした性格ということはまずあり得ません。虫歯を放置している、またはすぐに虫歯になる、極度に太っている、または痩せすぎているということは、何らかのサインでありその人の食生活習慣の内容、そしてその趣向や思考に警笛が鳴らされているのです。

受験勉強はひとつの課題ですから、これを乗り切るためには、仕事と同様に計画を立てて遂行することが要求されます。しっかりとした計画、しっかりとした行動こそが鍵です。それには、しっかりとした食生活習慣が重要です。

まずは早起きができる生活サイクルを作ることです。皆さんの子どもの頃を思い出して下さい。朝起きて早く学校に行って、校庭で遊びませんでしたか？　昼休みも早く食べて遊び、午後帰宅しても日が暮れるまで遊びませんでしたか？　もう1日中運動していたはずです。それができる程元気だったのです。そしてこの元気こそがエネルギーの源であり、この元気があると、実は勉強も意欲的にできるのです。

塾に行ってそして宿題をし、夜遅く寝ると朝も起きることができなくなり、結局学校でも眠く、そしてまた塾に行きズルズルと1日を過ごしてしまう。実はこの原因には低体温が関わっています。子どもの体温は37℃に近いですか？　37℃を越えても良い程です。現代の子ども達は勿論、大人も低体温となっています。**朝起きることができない、しかし夕方から夜にかけては元気というパターンが多いのです。これが典型的な低体温の特徴です。これを改善するには食生活がカギとなります。**

身体を冷やす食べ物、免疫力を落とす食べ物を摂らないことです。さらには脳に良い食べ物を摂ることです（食事に関しては、拙著「太った理由は、口の中を見れば分かる」（主婦の友インフォス情報社）の方を参考にして頂ければと思います）。

58

食事について② 食事で体調管理

受験にあたり、体調管理が重要なことはいうまでもありません。受験は寒くなる12月を越えて2月が本番ですから、風邪やインフルエンザにかかってしまう危険性が高く、どこのご家庭でも注意されていると思います。風邪対策には、手洗いとうがいをしっかりしようと考えているご両親も多いかと思います。

しかし、小学校最後の冬、受験のラストスパートは思っているより長いものです。**体調を維持し、試験日まで努力を継続できる肉体を作るただひとつの方法、それは身体に良い食事を摂ることです。**

大人も子どももその肉体は食べたものを原料として作られます。その原料が粗悪なものでは、でき上がる肉体も丈夫になるわけがありません。良い食事を摂れば、自然と体調は整います。良い食事とは一体どのようなものなのでしょうか。

結論は簡単です。**古来からの伝統食にすればよいのです。具体的には、昔から食べてきた日本食に徹することです。１日30品目や、難しい栄養学の知識など全く不要です。**どの国にも、その国民が食べ続けて来た伝統食があり、それがその国民の肉体を代々作ってきたのです。つまり、ごはんに味噌汁、そして魚介類。これが古来から続いている食事内容です。戦後、日本ほど突然に食が変化した国はありません。以前は長寿を誇った沖縄県も、現在では成人病が増えています。食の欧米化が原因といわれています。動物でもある人間は、その急激な食の変化に肉体が対応できないのです。肉は戦前までほとんど食べなかった国民性であり、油も貴重品であり、ふんだんに使う現在の食とは全く異なります。管理栄養士の幕内秀夫先生は「カタカナ食をやめる」を提唱しています。ハンバーグなどのカタカナ食をやめるだけというとてもわかりやすい理論です。おやつにも配慮が必要です。前述の幕内先生は、おやつにおにぎりを提唱しています。

可愛い子どもたちが体調を万全にして試験に挑まれることを願っています。

1
2
3
合否の分かれ目は生活の中に
4

59 食事について③　集中力も食事で培《つちか》う

学習のためには、何よりも「落ち着いて」「集中して」取り組むことが重要であることはいうまでもありません。これを達成する要因として最も重要なこと、これも実は食べ物です。食べ物は肉体を作るだけでなく、脳の機能をも左右するのです。

「脳には甘いもの」「疲れている時には甘いもの」だから、砂糖を摂ろうと考えていませんか？　また、美味しい物を食べて精を付けようと、味の濃いものを子どもに食べさせていませんか？　さらには、少しでもやる気になってくれればと、子どもがほしがるお菓子やジュースを与えていませんか？　実はそれらの食物は逆効果を生んでいます。

砂糖を摂取すると血液中の糖分の濃度が急激に上がります。すると肉体はこの状態を改善するため、血糖値を下げようとします。一時的に血糖値が下がり過ぎると、イライラや神経過敏が起こるといわれています。これでは勉強に集中できなくて当然です。また、現

代では簡単に美味しい味付けになるようにアミノ酸調味料がさまざまな食べ物に添加されています。このアミノ酸には興奮作用があるといわれています。これもまた集中力を削ぐ要因です。

さらに、問題はこれらに常用性があることです。常用性とは、美味しいと錯覚して常にほしいと感じてしまうことです。美味しい、ほしいと思わせることは、その商品やお店にとっては重要です。ですから最近では本当に多くの物に入っています。外食産業でももはや当たり前となってしまっています。お菓子やジュースだけでなく、その他食材をスーパーで買う時も、裏の成分表に目を通す習慣を持ってほしいと思います。

そしてもう一点重要なことがあります。「食べ過ぎ」です。いくら成長期の子ども達とはいえ、現代は過食です。必要以上の量となっています。大人であっても食べ過ぎた後に仕事などできません。「腹八分目」とはよくいったものです。

集中力を上げるために、食事内容を考えて提供することも、親が協力できることです。

食事を考慮することは、健全な肉体の育成にもつながりますから、受験を通して肉体まで健康になれるなんてまさに一石二鳥です。どうか考慮してあげて下さい。

60

小さなご褒美は常備とタイミング

子どもたちは誰しも頑張っていることと思います。人間、頑張ることだけを強いられては、つらいものです。そんな中、一服の清涼剤、一筋の光として子ども達にご褒美を用意することは、精神衛生上も非常によいと思いますので是非お勧めします。

ものすごいプレゼントを準備する必要はありません。ちょっと興味のある、何か好きなグッズであれば良いのです。ようはサプライズです。キャラクターのグッズや、ちょっとした文具やシール、ガチャガチャ等でもよいと思います。渡すタイミングが重要です。子どもが頑張って疲れ切っている時、模試で成績がよかった時、クラス分けテストで成績が上がった時などにパッと出すのです。こういったシチュエーションは突然に起こるので、サプライズは常備しておくのがよいと思います。日頃から出先で子どもが好きそうな物を物色しておくとよいでしょう。「頑張ったね」「偉いね」と、子ども達はほめられることを本当に嬉しく思ってくれます。親子のコミュニケーションにもなります。親であれば子ども達には常に笑顔でいてほしいものです。

ただし、余りにも日常的にならないようにする注意が必要です。**ここぞという時にご褒美があるからこそサプライズであり、モチベーションの向上、気持ちの切り替えにつながります。**そのさじ加減には見極めが必要です。

また、**そのサプライズの時間帯は寝る前が断然お勧めです。というのも、寝る直前に楽しい気持ちになると眠りが深くなり充実したものとなるだけでなく、潜在意識にも働きかけ、よい効果を生むという説があるのです。**ついガミガミと叱ってしまい、その直後に眠りにつかせることも実際には多いと思います。親子ともどもストレスを少なくして受験期を乗り切りましょう。

2
日 月 火 水 木 金 土
1 2 3 4
5 6 7 8 9 10 11
12 13 14 15 16 17 18
19 20 21 22 23 24 25
26 27 28

第4章

受験直前のMUST！

61

1月校は絶対に受験する

東京と神奈川の中学受験は2月1日から本格的に始まります。それ以前に受験できるのは、それ以外の区域の学校がほとんどです。千葉や埼玉ということになります。ですから実際に通える範囲かどうかといえば、そうではない場合も多々あります。しかし、必ず2月より前に試験のある1月校を受験することをお勧めします。前哨戦と位置づけて活用してほしいのです。1月校側から見れば、多くの優秀な子どもたちがもしかしたら入学してくれるかもしれないというだけでなく、子どもたちの学力のビッグデータにもなる訳ですから、そんなに律儀に遠慮することはありません。これはお互いにWin-Winの関係なのです。

この1月校受験は、本命校受験に向けてのさまざまなことのシュミレーションとなります。朝早起きすること、家から駅までの移動、電車の込み具合や雰囲気、駅から会場までの移動、会場への入り方、実際の試験会場の雰囲気、模試とは全く違う張り詰めた雰囲気、問題用紙と解答用紙、教室の暖房への対策、自分自身の緊張の度合いe.t.c.…もうすべてがシュミレーションです。移動の雰囲気と気温などは実際に体験してみないと、なかなかイメージがわきません。

　頭ではわかっていたはずの回答の時間配分がうまくいかなかったり、ケアレスミスが思わぬ形で出現したりということも、実戦を体験することでわかります。**子ども自身も「受験とは心してかかるもの」と痛切に感じます。その後の真剣さに違いが出ます。**

　また、その1月校に合格すれば、本人にとって何よりの自信になります。1月校はできれば合格で受験期間をスタートさせ、よい雰囲気で上げ潮で、その後の期間を乗り切ってほしいものです。そのためにも、**1月校は有名な進学校を高望みして選ぶのではなく、実力相応プラスα程度までの学校にするのがよいでしょう。**もちろん、不合格だったからと落ち込み過ぎてはいけないわけで、「反省材料が手に入った」と前向きに親子ともにとらえることが大事です。ですからくれぐれも「こんなことでどうするの?!」という感情丸出しの表現はしないように心掛けて下さい。

62 背伸びをして受験校を選ばない

受験の目的は各ご家庭でさまざまでしょう。エスカレーター式で大学にそのままいける学校に入ってほしい、親が行きたかった学校に入ってほしい、あるいは親と同じ学校に入ってほしい等、基本的にはいずれも子どもたちの将来を願ってのことと思います。しかし、いよいよ受験も間近になり、理想ばかりを掲げてはいられません。受かってこその受験であり、「記念受験」などという意味のないイベントにならないようにしたいものです。

受験校の目安としては模試での偏差値を活用します。**ラスト3回の模試の偏差値の平均を割り出し、偏差値一覧表にその平均値でラインを引きます。このラインから上下5ポイントの幅から受験校を選ぶというのが、比較的順当です。**（50＋60＋55）÷3＝55といった具合です。模試3回分の平均値ですから、勿論平均値より高い偏差値を叩き出した模試も存在しているのはわかります。しかし、そこで**「わが子はもっといける！」「もしかし**

たら」と思うのが親心。わかりますその気持ち。しかも偏差値表を眺めているともうゲーム感覚になってしまい、「あの学校はどうだ？」「この学校も狙えるのでは？」などと考えてしまいがち。一呼吸おいて冷静になって下さい。何のための受験なのかを。偏差値が近くても学校の雰囲気やポリシーは全く違いますし、ましてや試験問題の内容も傾向もまるで違うのです。しかも受けるのは親ではなく子どもたちです。

もちろん例外もあります。1月にぐんと伸びる子もいるのは事実です。うちの子はそのパターンだとお感じになっている場合は、過去問を解かせてみて下さい。はじめて見る過去問3回分を行っても、合格点を余裕で超えるようなら可能性はあると思います。しかし少数派であることは否めません。

世の中とは不思議なもので、真面目に取り組んで合格し実際に通うことになった学校とは、その子にとってなにかご縁があるというか、そんな気にさせられるものがあります。クラスメイトは自分と同じ試験をくぐり抜けた、言わば同志です。中学高校で一生涯の友人と巡り会うこともできます。**どうか親のエゴではなく、本人のために本人に合った受験校選びをお願いします。**

63

3倍の倍率の意味を教える

中学受験の倍率はおおむね3倍程度です。勿論各校によって差はありますが、3倍は一番多い倍率帯といって過言ではないと思います。

3倍ということは、3人に1人は受かるということです。頭ではそうわかっていても、いざ、わが子のこととなると、そして本人自身も、ただ闇雲に不安になるのが人の常というものです。その気持ちが思わぬ焦りを引き起こすとも限りません。誰しもがそう思うことだからこそ、**親御さんから本人に安心を伝えてほしいと思います。**

子ども達は当事者です。落ちたらどうしようと一番思っているのは、他でもない子ども達です。3倍ならばその試験会場である教室の3分の1は合格です。大学受験であれば8倍も普通となる訳ですから心のハードルは上げずにいきましょう。

試験直前ではなく、日頃からこの3倍程度だということは教えてあげて下さい。席に

座っている前後の子よりも、集中して臨むことができれば合格する倍率だということを。

模試を受ける際にも教えてあげていると、本番も同じような気持ちで受けることができます。

当日は落ち着いて、冷静に平常心で受験することが重要です。当日の朝はいつもと同じルーチンの日課でいてほしいものです。妙に気合いの入った朝ご飯などは必要ありません。気の効いた会話も必要ありません。頑張れのエールも必要ありません。淡々と粛々と。会場では静かにすること。知っている子がいても話さないことを徹底してください。意識し過ぎると硬くなりすぎますから、挙動不審にならないように肩の力だけは抜いて。繰り返しますが、前後の子より集中すること。今まで付けた実力を、通常通り発揮できれば大丈夫なのだと、試験が近付くにつれて言い聞かせてあげて下さい。

64

受験校の偏差値にはカラクリがある

前項で、合格率のカラクリについてお話しました。偏差値についても同じです。基本的なことですが、偏差値とは各塾や会社で独自に算定し公表しているものであって、その数値は各社によって異なっています。偏差値が1ポイントや2ポイント違うからといって、どちらの学校の偏差値が低いという程の差は、本質的にはありません。ですから根本的な部分で、目安でしかないと理解してください。

昨年と比較して、2ポイント下がったから合格しやすいなどということは、なんら根拠がありません。各校の偏差値が毎年上下するのは、各社の計算方式があるので厳密にはわかりませんが、昨年の出願者が多かった学校は、本年下がる傾向にあります。またその逆もあります。

直前になって、「こっちの学校の方が今年2ポイント低いから」などという理由で受験

校を変えるということはナンセンスです。

併願校を考える場合にも気を付けてほしいと思います。毎日のように偏差値表を眺めていると、もう数字のゲームのような感覚になってしまうものです。この学校より別の学校の方が、数字だけでわが子が受かるような錯覚に陥ってしまうのです。当たり前なのですが、**偏差値が同じ値の学校でも、実際の試験問題は各校の先生方が作っておられるので、内容は全く異なっています。今までにその学校の過去問を解いたことがなければ、そうそう勝負できるものではないのです。偏差値表の中の横並び校に惑わされないことです。**

夢を見過ぎないことも必要です。先述したように、表内の数字ゲームの感覚になってしまうと、もっと上でもなんとなく合格できるような気持ちになることもあります

石橋を叩いて渡るのか、ギャンブルが好きなのか、偏差値による受験校の決定は、親御さんの性格も大いに影響します。また、前年の大学への進学実績で上下することもしばしばです。しかし実際に試験を受け、いずれかの学校に合格となり、その後その学校に通い、その環境で青春を送るのはいうまでもなく子ども達です。落ち着いて慎重に検討することをお願いします。

65 滑り止め校は、滑り止まらなければ意味がない

「この学校以外は通う意味がない！」とここまで断言できるのであれば、単願受験できるかと思いますが、多くの場合、「滑り止め」を視野に入れることと思います。この項目は直前対策として提案していますので、もうこの頃は「なんとか受からないか？」「少しでも下げたくない！」という焦りの時期かと思いますし、偏差値という数字の世界に翻弄されておられるかもしれません。

ですので、選択する受験校はおおむね同じくらいの偏差値から選んでしまいがち。しかしそこに落とし穴があります。**「同じくらいの偏差値」な訳ですから、そもそもの設定が高過ぎると、どこを受けても受からないという現象を引き起こします。これは最大の悲劇です。**

また同じくらいというのはあくまで偏差値表の中だけであって、試験問題も、学校の雰

雰囲気も全く別ということです。特に問題の傾向が全く違うというのは子どもたちにとっては思いのほか大変なことです。学習範囲がどんどん広がってしまうのです。ますます合格が遠のいてしまいます。

ですので、**滑り止めは、偏差値では5ポイント程度は下げてみてください。**気付いていなかった学校に目が留まることもあります。また、このような事態が起こるからこそ学校説明会や学園祭には幅広く行っておいてほしいのです。

もしその滑り止め校の試験日が本命校よりも前であれば、その時点で合格をいただければ子どもにとってこの上ない励みになり、本命校に向けて弾みがつくというものです。逆に本命校にご縁がなくても、次の滑り止め校ではそれなりに難易度を下げている訳ですから、合格をいただければそこで受験期間も終わり、合格への長く暗いトンネルに入り込まずに済みます。試験期間が長くなってしまうというのは、子どもにとっても親にとってもただただ疲弊するばかり。本来解けるはずの問題も間違えてしまい、負のスパイラルに陥ってしまうのです。

可愛いわが子につらい思いをさせたくない。どうか余裕を持った受験校選びをお願いします。

4
受験直前のMUST！

66

試験に挑む文具を決める

試験当日に使用する文房具は、絶対に使い慣れた物にして下さい。「挑む」気持ちはわかるのですが、その日のために新調したものや、何か特別な文具は使用しないことをお願いします。もうここまで来るとお願いです。新しい文具は、使い慣れていないために思わぬ不具合が起きたりすることも考えられます。万が一、不具合が起これば、その対処を子ども自らが行わなければならず、試験時間を浪費するばかりか、そのせいで焦りが出てしまったら本来の実力が出せないのは当然です。新品であったり、日頃使っていない道具ですと、手に付かない（手に馴染まない）という現象も起こります。試験中に床に落としたりすれば、これもまた思わぬアクシデントで子どもが自分で対処しなければならなくなります。不要な現象です。

また、真新しい道具というものは、それを見ただけでプレッシャーにもなることもあります。「自分は今試験に来ているんだ！」などと再確認する必要はまったくなく、自然体でかつ実力以上の力を発揮してほしいわけですから。**普段使い慣れていない道具で挑む一流スポーツ選手などいないのと同様です。考えてみれば当たり前のことなのですが、こと受験となると、つい力んでしまう方が見受けられます。**

ですので受験３ヶ月前くらいから、よく消える消しゴムや使いやすい鉛筆を選定しておくことをお勧めします。鉛筆や消しゴムは、本人の使いやすさの好みを重視して選んであげてください。意外にも親が思う消しゴムの感触と、子どもが使いやすいと感じているそれとは違うことがあります。大きさもそうです。シャープペンシルを普段使っている場合は、早めに鉛筆に切り替えてください。もし受験校によって、定規や分度器、コンパスが必要なのであれば、それもあらかじめ購入し、普段から使うようにしましょう。ペンケースも同様です。普段使用しているもので、ストレスなく試験を受けましょう。

道具が決まったら、それが消耗品の場合はストックも含めそれなりに購入しておいて下さい。一世一代の大勝負だと思って、万全の態勢で臨んでほしいのです。道具は基本中の基本です。そんなことで当日足を引っ張られてしまっては、どんな結果でも泣くに泣けません。

67 試験日程に戦略を持つ

くり返しになりますが、東京都と神奈川県では、入試は2月1日からがいよいよ本番です。本命校とすべり止め校をどう組み合わせて受験するかは、大変重要な問題です。いくら模試で合格率80％と出ていても、実際に終わってみなければ結果は誰にもわかりません。お気づきとは思いますが、同じ学校でも試験初日とそれ以降では偏差値が上がっていきます。それは当然といえば当然で、初日に本命校に落ちた子ども達が受験してきますから、難易度が上がるのです。

試験日程の組み方は、各塾でも考え方や方針が違うようです。結局は各家庭で決めることなのでもちろん正解はないのですが、できれば子どもに無理のない日程で、ギャンブル的なものはなく合理的に合格に導いて行きたいものです。

まず本命校の受験日を見ます。本命ですからもし1回目で落ちた場合のため、2回目の

試験も日程に入れます。これで2日間が決まります。次に滑り止め校の選択を日程とから
めて考えます。

もし本命校が2月2日以降であれば、1日は確実に合格できる学校を選び、その夜には結果が出ることも多いので、弾みを付けて翌日の本命校を受験できるというものです。これが不合格でスタートとなれば、子どもにかかるそのプレッシャーははかりしれません。

また、午前と午後に違う学校を受験する1日2校受験も、日程的に可能ということもあると思います。しかしこれにはかなりの用意周到さが要求されることを理解しておいて下さい。試験後に学校を出るのは受験番号順です。つまり、願書を早く出した子どもから退場できるのです。これが遅くなると、移動がタイトになります。**もし1日2校受験を考えているならば、1校目は早期に願書を出しておきましょう。**また、いくら偏差値上で狙える学校であっても、その移動距離が長ければ試験時間に間に合いません。**学校の位置関係もよく吟味して選択してください。**タクシーといっても平日の都内は混んでいて、想像以上の時間がかかるものです。そしてなにより1日2校は子どもを疲弊させます。試験は真冬ですから、万が一その時期に風邪をひいていたりした場合、かなりの体力を奪います。

翌日の試験に悪影響を及ぼすことも考えられます。机上の空論にならないように、無理のない日程を考えてほしいものです。

合格発表のタイミングも重要な要素です。発表が当日であれば、それを見て翌日の受験校を決めることも可能です。この場合、**あらかじめ同じ受験日の数校に願書を出しておくか、翌日朝に受け付けてくれる学校も存在するのでそういったところを受験するなど学校のＨＰをよく調べてみてください。**

このフロチャートは実際のわが子のものです。是非参考にして、お子さんのスケジュールを立案して下さい。塾の先生等に見てもらうこともよいと思います。

本命校が受かった時点で受験は終わりです。１日でも短い試験期間ですむことを心より願っています。

試験スケジュール例

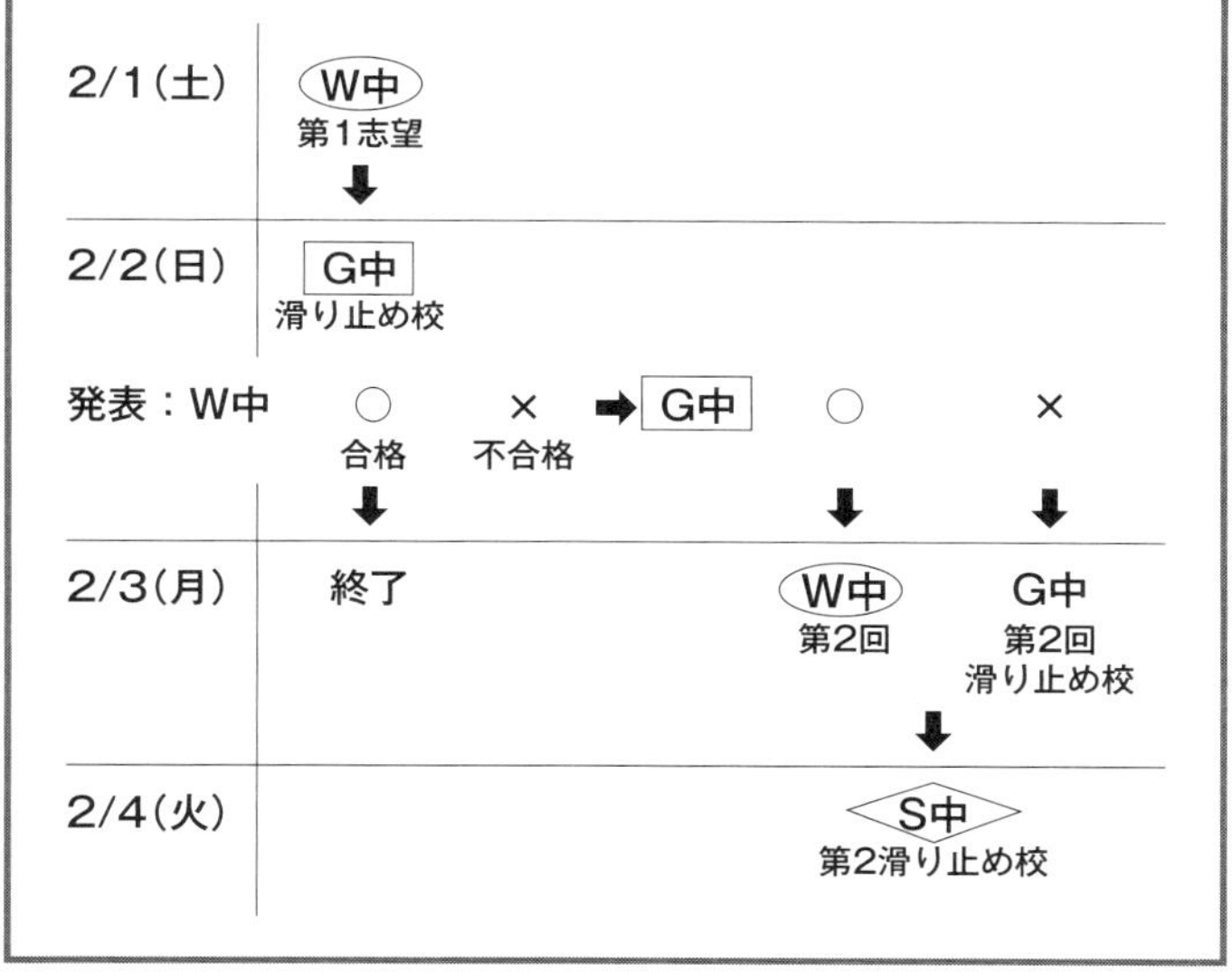
2/1(土)
W中
第1志望
2/2(日)
G中
滑り止め校
発表：W中
○
合格
×
不合格
G中
○
×
2/3(月)
終了
W中
第2回
G中
第2回
滑り止め校
2/4(火)
S中
第2滑り止め校

68

いよいよ直前「ファイナルリスト」から「ファイナルチェック」へ

1月校の試験も終わると、いよいよ本試験が目前に迫ってきます。大詰めです。受験に向けての勉強を総仕上げする時期です。わが子にとって残りの時間、何を学習すればよいかは、おおむね見えてきていると思います。これに関しても、**「おおむね見えている」で日々を過ごすのではなく、そのやるべき内容をリストアップしてほしいのです。題して「ファイナルリスト」です。**おさらいすべき内容・分野を、テキストや問題集から選択してリストにしていきます。

そしてこのリストが、いよいよ最終的な「今後の対策」となります。以前に作った「日々の学習予定表」と同じ要領で、毎日の勉強に落とし込んで行きます。一例としてご参考までにわが子のリストを挙げてみます。

今後の対策　ファイナルリスト
1月5日　バージョン2

★過去問からの苦手分野を割り出して随時追加する

（算数）

- □ 1行問題、場合の数、平面立体、仕事、速さ、角度、規則性
- □ 息抜きに算数クイズを
- □ 塾のテキスト㊦　※付箋のところがなくなるまでやる
- □ 問題集A　点の移動、出会い　※付箋のところ
- □ 場合の数、数の問題　※2冊の付箋のところ

（理科）

- □ ▲会の覚え→一緒にやる
- □ 塾のテキスト㊦　※付箋のところ
- □ 問題集M（※最初にやる）→※付箋のところをやる
- □ 問題集K　※付箋のところ
- □ ポケットタイプ問題集（一緒にやる）

（社会）

- □ 問題集F　一緒にやる（歴史も1回はやる）→　※付箋のところ
- □ 時事問題おさらい　←S中、G中の対策程度で一度見直す
- □ 時事問題　別紙（トイレ）
- □ 塾のテキスト：第13、15、16、17、18回の紫の印のところ、第14回（歴史）

算数、理科の過去問は完璧にすること！

そしてこの**「ファイナルリスト」を「ファイナルチェックシート」に書き換えます。まず横軸に行うべきテキスト等を記入します。縦軸には、「日々の学習予定表」に基づき、行った日にちを書き込んでいきます。つまり予定ではなく、記録です。**

ファイナルチェックシート

算数クイズ	算数テキスト	A問題集	B問題集	場合の数等	C問題集	やるべきこと
1/11	1/11	1/12	1/12	1/11	1/11	
1/17	1/17	1/18	1/18	1/17	1/17	
1/22 終了	1/22	1/23	1/23	1/22	1/22	
	1/25	1/26 終了	1/26	1/25	1/25	
	1/27 終了		1/27	1/27	1/27	
				1/28	1/29	

学習の最終目標は、その問題集・テキストに付けた付箋がなくなるようにすることだと前に述べました。ですので、「算数クイズ」に関しては、1／22の段階で付箋が完全になくなったことを意味する「終了」を記入しています。同様に塾の算

数テキストは1／27に付箋が完全になくなった、つまり丸ごと覚えたということを意味しています。

次に、日にちに着目して下さい。**同じ問題集を解いた日にちに間隔があります。これは短期記憶とならないように、あえて日にちを空けて行っていることを表しています。これがミソです。毎日同じ学習を行ってやった気持ちになっても、徐々に忘れてしまいます。いつ何を学んだのかが、この表で瞬時にわかります。**つまり今度は逆に、このリストを活用して、最後の最後までなるべく同じ内容が連続しないように「日々の学習予定表」を組んでいくのです。

しかしよく見ると、**同じ問題集を行う間隔がだんだん短くなっています。これは「終了」となった問題集があることと、繰り返し学習していることで、付箋が減っていて1冊終えるスピードが速くなっていることを表しています。**

最後の最後、この「ファイナルチェックシート」で付箋をゼロに、そして過不足なく学習を網羅して挑んでほしいと思います。

ファイナルチェックシート

算数										
過去問	A問題集 速さ	A問題集 文章題	図形場合の数	塾のテキスト	B問題集 数	B問題集 立体	息抜き 2冊	計算日記	B問題集 平面	やるべきこと
1/17 1/18	1/13	1/17	1/17	1/16	1/17	1/15	1/19	1/16	1/25	
1/21			1/21	1/21	1/21	1/19	1/21			
			1/26	1/26	1/26	1/23				
						1/26				
理科										
過去問	旧S問題集 2冊	新S問題集	塾のテキスト	G問題集（地）	M問題集	K問題集	ポケットタイプ問題集			やるべきこと
1/18	1/19 1/15	1/17	1/15	1/19	1/15	1/15	1/19 エネルギー			
1/21	1/18 1/19	1/22	1/19	1/22	1/19	1/19	1/20 植物			
	1/22 1/23		1/22	1/26	1/20	1/23	1/23 エネルギー			

ファイナルチェックシート　最終版
（書き換えて更新している）1/27（月）、28（火）、29（水）の内容

算数						
（過去問）	図形場合の数	問題集B	問題集B	問題集C	息抜き２冊	やるべきこと
	1/28	1/28	1/28	1/28		
	終了		1/30			
理科						
（過去問）	旧S問題集２冊	新S問題集	塾のテキスト	問題集C	K問題集	やるべきこと
	1/27　1/28	1/26	1/28	1/28	1/26	
		1/29	1/30		1/29	
		終了				

69
試験会場で想定されることはきちんと話しておく

いよいよ試験当日ともなれば、本人はもちろん、親としても平常心ではなかなかいられないものです。いくら平静を装っていても、いつもとの違いを子どもは感じ取ります。なにせ試験なのですから当然といえば当然です。朝もバタバタして、普段行かないところまで行く時間も考慮しながら、移動もしなければなりません。しかもそれが平日なら通勤ラッシュとも重なり、もうまったくの非日常なわけです。

そんなこんなでやっとたどり着いた受験校。次は校門から、見たこともない塾の先生方による激励の花道。妙なテンションがあたりを包み込みます。そしてやっと着いた試験会場。いつも嗅いだことのない臭い。変に静かな受験生たち。座り慣れない椅子と机。ここで思わぬ伏兵が現れることがあります。塾の仲間や、学校の仲間がいる場合です。この非日常の連続の中、この友人知人に遭遇した時、間違いが起こる可能性があります。意気投合してしまうのです！　しかも妙なハイテンションで！　こんなことにならないように、事前によく話しておいて下さい。**実際に息子の試験教室内で談笑してしまい注意を受けた子どもたちは、残念ながら合格者の番号にいませんでした。**もちろん単に学力が不足していたのかもしれません。しかしよく考えてみてください。入学試験は資格試験ではないのです。その学校がほしいと思う子どもだけ来てもらえればよいのです。ですから女子校では面接があるわけです。礼儀やマナー、一挙手一投足が見られて当然です。せっかく今日まで親子ともども頑張ったことが、ちょっとした気のゆるみでふいになってしまうことは残念などという言葉ではいいつくせません。

また、大人では当たり前にわかっていることでも、教えておいて下さい。試験時間中に落とし物をした場合です。まずは、**落としても大丈夫なように消しゴムや鉛筆は予備を持参することは鉄則です。しかし、万が一どうしても拾わないといけない状況になってしまったら、静かに手を上げて、試験官にアピールするように教えてください。また、トイレも同様です。**トイレに退出したことでアウトとなるかどうかは、その学校のルールによるしかありません。もちろんそんなことが起こらないように、万事準備と注意を払いたいものです。

70 回答中の注意事項を徹底して教える

大人にとっては当たり前のことも、小学6年生には全く常識ではないことは沢山あります。テストを受けるにあたって、**「いわなくてもわかっているはず」「こんなこと当たり前だから」と思わず、一つひとつ教えてあげましょう。子どもたちにとっては、人生で初めてのことなのです。知らなくて当然なのだということを念頭において下さい。**

○最後まで見直す：大人が試験を受ける時は当たり前のこんなことも、子ども達には徹底して理解させておきましょう。早く終わったからといって、後はのんびりしていてはいけませんよといってありますか？　もう一度最初に戻り、選んだ記号をきちんと回答用紙に書いたのかなど、**ケアレスミスを防ぐラストチャンスなんだと教えてあげて下さい。**最後の最後まであきらめないということも再確認して下さい。

○時間配分を考える：よくいわれていて、わかっているだろうと思うこのことも、本人が腑に落ちていないと思わぬ落とし穴です。どの教科でもわからない問題に時間を浪費してはいけないのです。その問題に手まどってしまったために、他のできる問題を落としてはいけないのです。見直しの時間も考えます。回答する時間配分は重要です。ですので、国語など大問2つなら、各問20分かけて解き、見直しを最後の10分で行うんだよ、と、じっくり話しておいて下さい。あるいは、算数や理科、社会なら得意な分野から着手するように伝えるのはもちろんのこと、国語で簡単な漢字問題を、それが後ろに出題されたがために解かずに終わったなどということがないように教えて下さい。**テストは頭から順番に解くのではない**ということです。

○空欄で絶対に終わらない：これも大人にとっては当たり前ですが、塾によってはその理解度をはかるためにあえて、「あやふやな時は空欄に」と教えている場合もあります。しかし、これは一度きりの入学試験です。最後の最後に適当に書いたことが正解かもしれません。どうしても解き切れなかった時でも、**何かしら書いて帰って来るように伝えましょう。**

これら3項目は、大きめに紙に書いてリビングやトイレの壁に貼っておくと、いざという時に思い出してくれるかもしれません。

71

試験開始直前まで参考書を見る習慣を

いよいよ本番です。過去問とは違い、何が出題されるかは誰にもわかりません。だからこそ試験会場で、試験管に「しまって下さい」と指示が出されるまで参考書や資料に目を通してほしいのです。

もうこの段階では自分はどこが苦手で、何がうる覚えなのか充分に理解していると思います。まとめたノートや、ポケットサイズの参考書、あるいは最後までやってきた問題集も必要であるならば持参して下さい。特に暗記モノで自信がない部分は、本当に短期記憶でもかまわないという気持ちで臨んで下さい。国語なら漢字、熟語、作家と作品、社会や理科での暗記部分、算数での苦手問題の解法など、過去問からの傾向の中で、自分が苦手にしている部分は必ず、その受験科目の試験前に見てほしいのです。

大人の試験などでは当たり前のことですが、子どもたちにとっては初体験の受験になります。本番当日だけ資料を持ち込んでも急にできることではありません。落ち着いて資料に目を通せるように、日頃の模試でも練習して下さい。過去問を解く時に練習してもよいかもしれません。

真面目な子は、試験直前は静かに何もせずに座っていないといけないのではないかと考えている場合もあります。**最後の最後に参考書に目を通すことは、何ら問題がないということを教えてあげて下さい。**バタバタするのはよろしくないと思いますので、1科目2種類くらいの参考書で臨みたいところです。

とにかく最後まであきらめないという気持ちを持つことを、よくよく理解させてあげてください。解答するにあたっても、絶対に空欄を作らないように。最後にどうしてもわからない場合も何か書きこむように伝えてあげて下さい。

最後の粘りが奇跡の1点を呼び込むかもしれません。1点1点の積み重ねが、合格に向けてとても重要なのだと教えてあげて下さい。

72 初日の試験が終わったら、翌日の試験勉強を

2月1日にまずは1校目の試験が終わります。本命校かもしれませんし、その子によっては滑り止め校かもしれません。いずれであっても、終わって結果が気になるのが人の常とはいえ、自己採点や、わからなかった問題の答え合わせ的な行動は一切しないようにしてください。とにかくこれから受ける試験に合格することが至上命題です。**出題内容は、学校によって違うのです。明日の試験に備えてください。**

親としても本日の出来が気になって仕方がないものです。初日の帰り道、「どうだった?」「できた?」と聞いたところで、もし本人ができていなければ会話が続きません。親の方は親の方でつい心配になってしまい、「どうするの? 明日は大丈夫なの?」などと聞きたくもなりますがそうしたとしても明日できるようになるものでもありませんし、かえって無駄なプレッシャーを与えるだけです。結局そのテンションは翌朝まで続いてしまい、ます

まず子どもを追い込み、本来の実力が発揮できない元凶にもなり得ます。試験の帰り道では、お昼ご飯やお夕飯などの他愛もない話や、明日に向けた話などを心がけてください。

帰宅したら、明日受験する学校の過去問を振り返ったり、傾向から想定できる出題範囲を復習したり、覚えることがまだ残っているようであればそれを行いましょう。

本命校は、ほとんどの場合、午前中が試験になりますから、午後から夜にかけて明日に向けての勉強の時間はまだ残されています。しかしそうはいっても、人生初めての中学受験初日が終わったわけです。**その疲労度ははかりしれません。明日に向けての勉強は必要なものの、無理は禁物。体力が温存できるペースで学習から就寝へ導いてあげてください。**

そのためにも、最終段階で作成し使用したチェックリストを元に無理なく最後の勉強のラストスパートをしてください。もうここまで来たら、短期記憶で十分。睡眠時間だけに留意して、詰め込めるだけ詰め込んでください。泣いても笑ってもこれが最後のつもりで。

最後にもう一点。食事です。**消化の悪い食事や量の多い食事は、いくら子どもの好物であっても出さないであげてください。**親が正しい知識を持ち行動すること、それこそが本当の愛情です。

Q&A

Q1（習い事について）

低学年のうちに好きなことをやりこませる、とありましたが、梅津先生は息子さんに何をさせて、もしくは息子さん自身が何が好きでどんなことをやっていましたか？　習い事は何？　また、受験期には習い事はどうしていましたか？

A1

低学年の時は、絵画教室やピアノ教室に通わせていました。スポーツ教室は、5年生までの教室と、それとは別の教室で今も続けています。本格的な教室ではなく、楽しんでできる内容の教室です。クラブ活動のようなものです。大人になった時に、やったことがないと本人が思わないようにしたいという動機からです。好きだった遊びは、何といってもブロック遊びです。放っておけば何時間でもやりました。また、3年生の時に、小学生向けの戦国武将の本がクラスで流行り、主に絵を見ていたそうですが、これもずっと見ていました。今も戦国武将が好きなので、この影響は大きかったと感じています。ブロックにしても戦国武将の本にしても、何か親に見せて来た際には、すごいねとほめるようにしていたのは事実です。そのためますます好きになったのだと思います。本人は文系タイプなので、運動に積極的ではありませんが、受験期間中も日曜日の1時間だけ息抜きのためにスポーツ教室は続けていました。たまの息抜きとして、とても効果的だったと思っています。

Q2（夫婦間の分担の質問）

学習サポートのほか、食生活も手作りで内容も完璧にされて、塾の（送）迎までとなると家族構成やお仕事の忙しさはどの程度なのでしょうか。夫婦でどのように分担されましたか。

A2

イメージとして、夫婦は「わが子中学受験プロジェクト」の同僚という感じなのです。いかに効率的に的確に行動するかが問われる感じです。いうならば同志なのです。わが家は核家族なので、祖父母等は一切関与していません。自分ができる分野を分担しました。

家内は基本的に専業主婦ですが、病院が人手不足の時は診療を手伝ってもらいましたし、経理はずっと担当しています。その中で食生活の面を担いました。もちろんたまには外食もありました。私は診療が終わり次第、極力帰宅するようにし、歯科医師会の会合を避けました。塾へは迎えにだけ私が行きました。夜に迎えに来てくれたことは嬉しかったと、今でも息子はいいます。各ご家庭で状況はさまざまだと思います。できる範囲で考えられる最善をつくすことが、子どもたちにもその気持ちが伝わっていくことであると思います。

Q & A

Q3（子どもによる違いについて）

素直に聞ける子と聞けない子がいますよね？　中学受験を親子で、家族で力を合わせて頑張ることでメリットもたくさんあることと思います。ただ、親主導で受験勉強も生活も頑張るとなった場合、素直に聞ける子と聞けない子、かなり分かれると思います。

A3

夫婦ゲンカを子どもに見せていませんか？　ケンカとまではいかなくても、言い合いや陰口を見せていませんか？　子どもはいつも親を見ています。親がそういうなら、自分も同じようにするものです。もしそうであれば、是非夫婦で子どものことに関しては、意見を一致させておいていただきたいものです。そして夫婦間はもちろんのこと、子どもともじっくり話し合うことをお勧めします。テレパシーなどありませんから、子どもが理解できるように、時間をとって話し合うことが必要だと思います。なぜ受験を親が勧めるのか、親としてわが子をどう思っているのか。またどうして子どもがそのような態度行動を取るのかもじっくり聞き出します。そうして話し合うことで、親側の考えも整理され、子どもも一歩一歩階段を上がるように理解してくれます。「愛情たっぷり」が単にネコ可愛がりでは、子どもを下に見ています。子どもだからと幼稚な理由づけで納得させようとするのはやめましょう。小学生であってもこちらの思いを真摯に話します。じっくり話し合う機会が持てることもまた中学受験のよいところだと思っています。

Q & A

Q4（食事のこと）

歯医者さんということで、食や健康にも気を遣われたようですが、食事は奥様が作られていたかと思います。例えばどういったメニューを作られていましたか。フルタイムで働く私にははっきりいって無理なのですが、参考にできることがあれば具体的に教えてください。

A4

食事は肉体を作るため、つまり脳を作るために摂るものです。口から入る物がその人の身体を作ります。その大原則に則して食事を考えていただきたいのです。今の時代、スマホの普及で簡単に色々なことが調べられます。「砂糖」「アミノ酸」に「害」を足して検索してみるといろいろなことがわかると思います。料理が得意になる必要はありません。健康にすることに重点をおき、愛情を持って調理をするだけでなく、その原材料に気を遣ってください。原材料を考慮した上で、基本的には和食と考えておけばおおむね間違わないと思います。アメリカの有名な報告書でも、「江戸時代の和食」を健康食と認めるほどなのですから。安価で手軽な食べ物ほどお勧めできません。

例えば、すでにそうしているご家庭もあるかとは思いますが、まず出汁は自宅で取りましょう。これをするだけでも、落ち着きのある子になったという報告もあるほどです。甘い物が脳によいなどということが間違いであることはちょっとネットで調べればわかる時代です。集中力を維持するためにも、甘い物は控える方がよいでしょう。食事のメニューとしては、カタカナ食をやめるという発想でいるとわかりやすいと思います。成長期の今だからこそ、なおのこと健康には気をつけたいものです。

あとがき

現在この国は大変な岐路に立っていると思います。国策ばかりでなく、世界の動向も偏りを見せ、この国に住む人々を苦しめることばかりだと感じています。労働問題、経済問題、医療問題、電力問題、輸出入の問題、国際社会とのかかわりの問題、そして子どもたちへの教育の問題。

愛する子どものために何ができるのか、が、親としての務めだと私は考えています。親であれば誰しも、可愛いわが子に健康で幸せに育ってほしいと思うものでしょう。子どもの将来を案ずる気持ちは、親であれば皆同じだと思います。

しかしながら、子ども達に目を向ける時間もないほどに親が労働しなければ生きていけないという現実が、今この国を包み込もうとしています。少子高齢化と不景気で、海外の資本や労働力の流入が一層激しくなると予想されています。また、若い頃に単純労働に従事したせいで、年配になった時にスキルが身についていないという現象も起きています。昨今の先行き不透明な情勢の中、中学受験を乗り切るということは、子ども達が将来生きる上での地頭を作るための、最適な鍛錬だと私は考えています。いうなれば現代版の読み書きそろばんです。

江戸時代に海外から訪れた来訪者は、当時の人々の識字率に驚いたといいます。学習に対する真摯な姿勢は、旧来からの国民性であり美徳でもあります。元来、このように培ってきた日本人の気質でもって、今こそ能力を開花させ発揮する時ではないでしょうか。

世界を明るい未来に変える原動力は子ども達が持っています。その子ども達が未来へと羽ばたくためには、親の気づきと行動が不可欠です。子を思うひとりの親として、同じような気持ちを持つ皆様のお役に立つことが微力ながらでもできればと思い、この本を執筆しました。どうか本書を足掛かりにしていただいて、本書の内容をご自身でさらにブラッシュアップして、活用いただければと願っています。

現在、私の息子は中学3年となりました。将来、歴史家になるという、小学生の時に抱いた夢と変わらぬ夢を今も持ち続け、日々学校生活を楽しんでいます。

今後どのような社会になったとしても、真実を見抜く目を養って明るくいきいきと生きていける、幸せな未来が子ども達に訪れるよう願っています。

末筆ではありますが、本書制作にあたり二人三脚で歩んでくれた風鳴舎の青田社長には感謝して已みません。

平成28年春　梅津 貴陽

著者の講演予定等については、
風鳴舎のホームページ
http://www.fuumeisha.co.jp
にアップされますのでご覧下さい。

お問合せはinfo@fuumeisha.co.jpまで。

著者プロフィール
梅津 貴陽（うめづ たかはる）
昭和45年、神奈川県に生まれる。職業、歯科医師。神奈川県にて開業。医療法人社団藍青会理事長。鶴見歯科医師会理事。「口の中にはその人のすべてが表れる」を信条とする。
一児の父。親子で紡いだ中学受験のV字回復の方法が、中学受験をする親子に大反響。圧倒的に熱烈な支持を受ける。著書に、食の改善をテーマにした『太った理由は、口の中を見れば分かる』（主婦の友インフォス情報社刊）がある。講演多数。

装丁　井上新八
DTP　日経印刷株式会社
制作協力　吉田悦子

ご協力いただいたお母様方
中島友さん／三宮クミさん／古賀由希子さん／氏益美沙都さん／須藤紀子さん／塚本美和さん他

塾では教えてくれない
中学受験　親の鉄則

2016年4月21日　第1版第1刷発行

著　者　梅津 貴陽

発行所　株式会社風鳴舎
東京都北区上十条5-25-12　〒114-0034
（電話 03-5963-5266）

発売元　新日本教育図書株式会社
東京都新宿区市谷左内町11左内坂ハイム203　〒162-0846
（電話 03-3267-7408）

印刷・製本　日経印刷株式会社

ISBN978-4-88024-524-9　C0037　Printed in Japan